L'itinéraire de la vie spirituelle

DU MÊME AUTEUR

La spiritualité, en collaboration avec R. DARRICAU, PUF, collection « Que sais-je ? », Paris, 1988.

Histoire de la spiritualité, en collaboration avec R. DARRICAU, PUF, collection « Que sais-je ? », Paris, 1991.

Le Feu et l'Espérance. Pierre Goursat, fondateur de la communauté de l'Emmanuel, en collaboration avec H.-M. CATTA, Éditions de l'Emmanuel, Paris, 1995.

Qu'est-ce que le Renouveau charismatique? D'où vient-il? Où va-t-il?, en collaboration avec H.-M. CATTA, Mame, Paris, 1999.

Cinquante minutes pour comprendre la foi catholique, en collaboration avec Ph. CATOIRE, Éditions de l'Emmanuel, Paris, 1999.

Prières face à la mort, en collaboration avec Y. de BOISREDON, Éditions de l'Emmanuel, Paris, 2000.

Peut-on rencontrer Dieu ?, Éditions de l'Emmanuel, Paris, 2001.

Le Père Noailles. Un prophète pour aujourd'hui, Éd. Saint-Paul, Paris, 2001.

Sainte CATHERINE DE GÊNES, *Traité du Purgatoire*, présenté par B. Peyrous et Y. de Boisredon, Éditions de l'Emmanuel, Paris, 2002 (deuxième édition).

Les Événements de L'Île-Bouchard. Une présence de Marie au milieu de nous, Éditions de l'Emmanuel, Paris, 2002 (deuxième édition).

Les Apparitions de L'Île-Bouchard. Documents authentiques, en collaboration avec Élisabeth BARANGER, Éditions de l'Emmanuel, Paris, 2002.

Bernard Peyrous

L'itinéraire de la vie spirituelle

Comment vivre avec Dieu ?

Éditions de l'Emmanuel

26, rue de l'Abbé-Grégoire, 75006 Paris

ISBN 2-914083-85-8

À Sylvaine Marly

Je voudrais remercier Dom Jean-Philippe, Jacqueline, Omblyne et Isabelle d'avoir relu le manuscrit de ce livre. J'ai beaucoup tenu compte de leurs sages remarques. Et merci à Bernard G. de sa patience.

Introduction

La chose la plus importante de la vie

Y a-t-il une chose, dans la vie, qui surpasse toutes les autres, qui donne à l'existence son sens, son parfum, sa valeur ? Oui. C'est la relation avec Dieu, qui ouvre aussi à une relation nouvelle avec les autres. J'entends la relation profonde, celle qui touche tout notre être, sous la mouvance de l'âme. Vivre avec Dieu, c'est la joie et le parfum de la vie. « La vie de l'homme, c'est la vision de Dieu », disait justement saint Irénée.

Si vous êtes convaincu de cela, ce livre est pour vous. Il est pour vous si vous voulez commencer à entrer dans cette grande aventure de la relation avec Dieu. Il l'est encore si vous avez déjà vraiment rencontré Dieu, si vous avez au moins un début de parcours avec lui. Il l'est enfin si vous avez vécu des années avec lui. Si vous voulez avancer plus loin dans cette vie avec Dieu, peut-être cet ouvrage pourra-t-il vous aider.

Pourquoi ? La vie avec Dieu est fascinante, mais elle n'est pas toujours évidente. Elle passe par des périodes de lumière, mais aussi d'obscurité. Elle a un côté heureux, mais également déconcertant. On ne sait pas toujours comment se situer ni donc comment se comporter. On peut même faire des erreurs de parcours. Sainte Thérèse d'Avila a longuement parlé dans ses livres des détours et ralentissements qu'on lui fit accomplir à certaines périodes de sa vie. L'expérience m'a montré qu'on avance plus vite et plus sûrement si on trouve une aide, même modeste, sur cette route. Si vous avez voyagé tant soit peu, vous avez certainement comparé les avantages du Michelin et du Guide du Routard. Vous trouverez ici, les choses étant ce qu'elles sont, une sorte de guide, d'itinéraire de la vie spirituelle.

Mais, me direz-vous, cette constatation a déjà été faite. On a certainement déjà rédigé bien des guides expliquant comment vivre avec Dieu. Pourquoi en produire un de plus ?

Pourquoi ce livre ?

C'est vrai, il y a une littérature sur la vie avec Dieu. Cependant, l'expérience m'a montré qu'il existe actuellement un certain manque en ce domaine. Je vais tenter de m'expliquer sur ce point.

Quand j'ai été ordonné prêtre, j'avais quarante ans. Auparavant, je faisais de la recherche historique. Je m'imaginais que mes connaissances et ma pratique de dossiers parfois délicats m'avaient donné une certaine connaissance de la vie. Spécialiste d'histoire de la spiritualité, il me semblait avoir des idées sur la manière dont Dieu s'y prenait avec l'être humain pour le faire cheminer vers lui. J'avais énormément lu, en particulier des biographies. Je ne le regrette pas, mais en fait j'étais resté au seuil de la question.

Au bout d'un an seulement de pratique du sacerdoce, je me suis rendu compte, en effet, que je connaissais bien mal le sujet. J'ignorais beaucoup d'aspects de l'âme humaine et des chemins de Dieu. Dans mon sacerdoce, j'ai eu la joie de beaucoup confesser. J'en ai entendu de toutes ! J'ai eu la joie aussi de rencontrer de manière profonde un grand nombre d'âmes. C'est un bonheur pour moi d'en avoir tant écouté. Beaucoup étaient des convertis. D'autres avaient vécu dans la foi depuis leur plus tendre enfance. Quelques-uns étaient sûrement des saints, et certains, même, ont eu cette réputation après leur mort. J'ai aussi assisté des mourants et j'ai prêché un certain nombre de retraites. Dans ces circonstances, on va au fond, on voit la qualité réelle des êtres.

Oui, la fréquentation des âmes a été la joie de ma vie. La croix s'est associée à la joie, naturellement. Mais dans ce double phénomène de bonheur et de souffrance, j'ai vu naître de grandes choses. Non seulement pour les personnes elles-mêmes, mais pour la société humaine en général et pour l'Église tout entière : « L'Église naît dans les âmes », disait justement le théologien allemand Romano Guardini. Paraphrasant cette affirmation, on pourrait écrire que « la société de demain naît dans les consciences d'aujourd'hui ». Et Dieu y est présent.

Je sais maintenant que la compétence d'un accompagnateur d'âmes relève avant tout de l'expérience. Je sais que la vie spirituelle est unique pour chacun. Mais je sais aussi qu'il y a des points de passage obligés, des conversions à opérer par chacun, des phénomènes qui se produisent souvent. J'avais beaucoup lu, c'est vrai, mais souvent j'aurais aimé avoir sous la main quelque livre pratique pour m'éclairer un peu. Il faut se former. Voici ce qu'écrivait à ce sujet un remarquable spirituel, le Père Jérôme, de l'abbaye de Sept-Fons : « Qu'on l'admette ou non, l'union de l'homme avec Dieu, les conditions et les exigences de cette union constituent une science. Il faut donc consentir à se laisser enseigner quelques petits principes normatifs et intangibles relatifs à cette science. Il ne servirait à rien de vouloir tout inventer par soi-même[1]. »

Or, nous avons actuellement des difficultés à comprendre la littérature spécialisée existant sur la vie spirituelle. D'abord, nous n'avons plus le même arrière-fond culturel que nos ancêtres. Nous n'avons pas lu les mêmes livres – en particulier les ouvrages latins qui donnent le sens originel des mots –, nous n'avons pas reçu la même éducation. Les mots n'ont donc plus tout à fait le même sens. Je m'en suis aperçu pour la première fois dans une retraite à laquelle je participais à Paray-le-Monial, où l'on proposait des passages du *Traité de la vie spirituelle* de saint Vincent Ferrier († 1419). Il fallut arrêter la lecture de cette œuvre, pourtant classique, tant les participants étaient choqués par les termes employés. Ils sont pourtant usuels dans la littérature latine et médiévale. Mais le langage énergique du Moyen Âge ne peut plus passer sans explications. On constate le même phénomène avec une bonne partie des auteurs du XVIIe siècle qu'on est tenté de lire de manière déformée, car on ne connaît plus l'art oratoire du temps, et on prend les choses au premier degré. Je vois bien que certains de mes amis universitaires ont besoin d'une sorte de traduction pour accéder à des notions qui étaient évidentes il y a encore trente ans. Un jeune docteur en théologie me confiait récemment qu'il avait essayé de lire un ouvrage très connu sur la vie spirituelle, édité il y a cinquante ans, et qu'il avait dû y renoncer. Les concepts du livre et les siens ne se rencontraient pas ! Nous devons donc trouver un langage plus actuel.

---

1. Père JÉROME, *Car toujours dure longtemps.* présenté par le P. Nicolas, Paris, Le Sarment-Fayard, 1986, p. 169-172.

Une autre difficulté est liée, me semble-t-il, à certains points de l'évolution des hommes d'aujourd'hui. Nous vivons plus longtemps que nos prédécesseurs. Or, dans la vie, il y a des seuils auxquels s'accroche la vie spirituelle : elle n'est pas déconnectée de la vie humaine. Au XVIIe siècle, on passait presque directement de l'enfance à l'âge d'homme. Il n'y avait pas d'adolescence au sens actuel du mot. Mais à cinquante ans on était presque vieux, on pensait sérieusement à la mort. On avait déjà vu mourir des gens à la maison. On souffrait physiquement sans pouvoir bien se soulager. Le rapport à la mort, à la souffrance, à l'inéluctable, était différent, comme on le voit encore dans bien des pays du tiers-monde. Aujourd'hui, on vit beaucoup plus vieux, les étapes de la vie se sont allongées, les seuils se sont décalés. Il faut en tenir compte pour adapter le discours sur la vie avec Dieu.

Par ailleurs, jusqu'à une date récente, le monde était bien « codé ». On savait dans quel milieu on était venu au monde et dans lequel on vivrait, on savait pourquoi on vivait et pourquoi on mourait. Les rôles sociaux étaient nets. Ce n'est plus le cas aujourd'hui. Chacun est obligé de se constituer, au moins pour une part, son propre cadre mental. Il y a peu ou pas de « milieux protégés ». Or le flou ambiant a introduit une moindre résistance à certains facteurs, il a multiplié les blessures, l'angoisse, la difficulté à s'engager, le manque de confiance dans la société, dans les autres, et donc en Dieu. C'est un état d'esprit vague mais général. Il n'est pas utile de s'en lamenter outre mesure, mais on doit le prendre en considération dans un livre comme celui-ci. Il faut y intégrer des éléments que les traités anciens ne relevaient pas, puisqu'ils s'adressaient à une humanité culturellement et affectivement un peu différente.

Un ouvrage pratique

Comme pour un guide touristique, j'ai voulu que ce livre soit pratique et simple d'utilisation. Ce n'est pas un livre neutre, mais un ouvrage engagé dans une direction donnée. Il faut que vous le sachiez. Si vous le lisez, vous-même ne pourrez pas rester indéfiniment à distance de l'itinéraire qu'il propose.

J'ai intercalé des textes et des prières dans les divers chapitres. Je crois en effet qu'un dialogue s'établit mieux entre Dieu et l'âme s'il est aidé par la prière.

En rédigeant ce livre, j'ai pensé à bien des visages. Puisse-t-il servir à faire grandir l'amour de Dieu et des autres dans le cœur de beaucoup, à les libérer de la crainte, à les ouvrir à la plus belle chose qui soit : la vie avec Dieu.

DEUX PRIÈRES POUR SE METTRE EN MOUVEMENT

> Prions le Seigneur tout-puissant qui a changé le désert en nappe d'eau, de changer notre terre aride en une source ; de s'attaquer à la dureté de notre cœur et de la faire cesser afin que, pierre, il se mue en étendue d'eau. Que le Seigneur y répande cette rosée dont il imprégna la toison mystérieuse placée par Gédéon sur le sol[2]. Prions pour que, daignant entrer dans notre jardin, il veuille bien en expulser l'aquilon[3] et y appeler le vent du

2. Gédéon était un chef de guerre que le Seigneur avait envoyé au-devant d'ennemis plus puissants. Comme il avait peur, il mit Dieu à l'épreuve, plaçant sur le sol, pendant la nuit, une toison de laine. Il avait demandé à Dieu que la toison, au matin, soit mouillée sur un sol demeuré sec. Ce qui se passa. Le lendemain, il soumit Dieu à l'épreuve contraire et comprit, en voyant le résultat positif, que Dieu était avec lui (Jg 6, 36-40). La toison est devenue comme un symbole de l'âme humaine.

3. L'aquilon est un vent fort et violent qui vient du nord.

sud, afin que les semences déposées en nous soient vivifiées par son souffle vital.

Saint Paulin de Nole († 431).

Tu es saint, Seigneur Dieu, toi seul fais des merveilles. Tu es fort. Tu es grand. Tu es très-haut. Tu es roi tout-puissant, ô Père saint, roi du ciel et de la terre. Tu es trine[4] et un, Seigneur Dieu, tout bien. Tu es le bien, tout le bien, le souverain bien, le Seigneur Dieu vivant et vrai. Tu es charité, amour, tu es sagesse. Tu es humilité. Tu es patience. Tu es assuranMce. Tu es repos. Tu es joie et allégresse. Tu es justice et tempérance. Tu es richesse, tu es notre suffisance. Tu es beauté. Tu es paix. Tu es protecteur. Tu es gardien et défenseur. Tu es force. Tu es rafraîchissement. Tu es notre espérance. Tu es notre foi. Tu es notre grande douceur. Tu es notre vie éternelle, grand et admirable Seigneur, Dieu tout-puissant, miséricordieux Sauveur.

Saint François d'Assise (1182-1226).

4. C'est-à-dire Trinité : Père, Fils et Esprit Saint.

I

LES FONDEMENTS DE LA VIE AVEC DIEU

Pour comprendre comment vivre avec Dieu, il est nécessaire de rappeler d'abord quelques éléments fondamentaux. Ils sont plus ou moins connus quand on a déjà une relation avec lui, mais on ne met pas toujours exactement les mots dessus. Il y a parfois comme un flottement dans les concepts qui pourrait engendrer des attitudes faussées. Il n'est donc pas inutile de se replonger, même brièvement, dans la description des fondements mêmes de toute vie spirituelle.

1

Pourquoi et comment Dieu agit

NOUS commencerons par l'action de Dieu en direction de l'homme. Il peut paraître surprenant d'aborder la question prioritairement sous cet angle. On pourrait penser qu'il faut d'abord partir de l'homme. Après tout, il s'agit d'abord de nous, n'est-ce pas ?

Il est pourtant important de rappeler que Dieu est le premier à être intéressé à la réussite d'une vie avec lui. C'est lui qui a toujours l'initiative, même si nous ne le savons pas vraiment au début. D'ailleurs, au fur et à mesure que la vie avec lui se déroule, on est de plus en plus convaincu de cette réalité. Elle formera donc comme une trame de ce livre.

Je suis bien conscient que cela suppose une sorte de renversement des perspectives. Kierkegaard disait : « La personne humaine est inclinée à tout rapporter à soi et à se rapporter soi-même à soi-même. De Dieu, concevez tout le contraire. » Et saint Jean de la Croix affirmait d'une autre manière : « Si l'âme cherche Dieu, Dieu la cherche bien davantage encore[1]. »

---

1. Pour approfondir : Charles-André BERNARD, *Traité de théologie spirituelle,* Paris, Éd. du Cerf, 1986, p. 93-126 ; Jean-Claude SAGNE, *Traité de théologie spirituelle,* nouvelle édition, Paris, Mame-Éd. de l'Emmanuel, 1995, p. 19-32.

Le bonheur en Dieu

Il ne faut pas recevoir ce que je dis ici avec un sentiment de crainte, comme si on allait être captif de Dieu, disparaître, perdre toute liberté et toute identité parce que Dieu dirige l'itinéraire de l'âme vers lui. Ce serait une erreur majeure. Il faut se mettre au contraire dans l'optique d'un Dieu qui désire passionnément notre bonheur : « En vérité, Dieu nous désire comme si tout son bonheur dépendait de nous », dit Tauler en une formule énergique.

La première des choses à affirmer et à réaffirmer dans toute vie avec Dieu, c'est en effet le bonheur qu'on y trouve. Et ce, de plus en plus. Quand on vit dans l'intimité de Dieu, le mot « bonheur » prend enfin tout son sens. Toute personne ayant l'expérience de cette vie le dira avec moi. Si vous avez fréquenté des monastères, vous ne pouvez pas ne pas avoir été frappé par la sérénité de beaucoup de vieux moines, la calme beauté de certaines moniales. En les voyant, on a vraiment le sentiment de personnes qui ont trouvé la joie paisible, le bonheur en Dieu. Au fil des siècles, l'iconographie a repris largement ce thème. Dans nombre de fresques et de tableaux, on est frappé par ce simple et fort sentiment de bonheur émanant des personnages religieux qui sont représentés.

Il fut un temps – heureusement terminé, j'espère – où l'on avait cependant parfois tendance à voir la vie avec Dieu comme une suite de douleurs diverses et variées. Je ne nie pas qu'il y ait en effet de la souffrance dans la vie avec Dieu, et j'y reviendrai plus loin. Mais c'est une belle souffrance : elle n'est pas contradictoire avec le bonheur. Plus on avance, même s'il y a des obstacles, plus s'affirme le bonheur en Dieu.

À l'inverse, dans les années 1960 et 1970, l'idée du bonheur sans Dieu était largement répandue dans la société et principalement dans le monde intellectuel. Pour être heureux, disait-on, il fallait se débarrasser de l'idée même de Dieu. Dieu était la grande entrave au bonheur. Cette idée existe encore, mais elle a aussi largement cédé la place, par un mouvement de balancier, à une sorte de dépression de l'idée de bonheur. Le pessimisme, voire la déprime collective, l'emportent souvent aujourd'hui. Pour un peu, on reprendrait les propos peu engageants de Montaigne : « Si l'on bâtissait la maison du bonheur, la plus grande pièce serait la salle d'attente », ou, pire encore, de Jules Renard : « On n'est pas heureux : notre bonheur, c'est le silence du malheur. » Avec les thèses de cet ordre, nous sommes en pleines réjouissances, n'est-ce pas ? Malheureusement, il y a de cela dans l'air que respire l'humanité, partiellement au moins, en ce début de troisième millénaire.

Dans la Bible, Dieu dit tout le contraire. Il ne cesse de demander à l'homme d'accepter d'être heureux. Mais il affirme aussi que le bonheur ne se trouve que dans la vie avec lui-même, Dieu. Certes, le bonheur consiste dans l'accomplissement parfait de ce que nous portons en nous. Mais justement, l'homme est fait pour Dieu, et c'est donc en Dieu, avec lui, que se trouve la joie parfaite.

Celle-ci supposera donc une réelle rupture avec ce qui nous empêche d'aller vers Dieu : les habitudes mauvaises, les petits plaisirs malsains, les attachements parasites. La vie avec Dieu, c'est le bonheur, mais il faut accepter une idée du bonheur plus large et plus aérée que celle que nous nous faisons souvent. Nous nous fabriquons souvent comme des idoles du bonheur. Nous poursuivons de fausses visions et nous nous étonnons de ne pas les atteindre. Le bonheur n'est pas quelque chose de virtuel. C'est le réel même, et le réel, c'est Dieu. Nous sommes donc conviés à un renoncement préalable aux idoles du bonheur. Les Juifs le savaient déjà il y a trois mille ans.

PSAUME 16 (15)

Garde-moi, mon Dieu :
j'ai fait de toi mon refuge.
J'ai dit au Seigneur : « Tu es mon Dieu !
Je n'ai pas d'autre bonheur que toi. »

Toutes les idoles du pays, ces dieux que j'aimais,
ne cessent d'étendre leurs ravages,
et l'on se rue à leur suite.
Je n'irai pas leur offrir le sang des sacrifices ;
leur nom ne viendra pas sur mes lèvres !

Seigneur, mon partage et ma coupe :
de toi dépend mon sort.
La part qui me revient fait mes délices ;
j'ai même le plus bel héritage !

Je bénis le Seigneur qui me conseille ;
même la nuit mon cœur m'avertit.
Je garde le Seigneur devant moi sans relâche ;
il est à ma droite : je suis inébranlable.

Mon cœur exulte, mon âme est en fête,
ma chair elle-même repose en confiance :
tu ne peux m'abandonner à la mort
ni laisser ton ami voir la corruption.

Tu m'apprends le chemin de la vie :
devant ta face, débordement de joie !
À ta droite, éternité de délices !

Le bonheur de Dieu

Dieu veut notre bonheur parce que lui-même est heureux. Nous associons l'idée de Dieu à celle d'immensité, d'éternité, de puissance. Nous voyons Dieu comme un être supérieur – l'Être suprême, disait-on à l'époque de la Révolution. Nous le concevons à partir de ce que nous voyons de plus grand sur la terre, et nous extrapolons en passant au degré supérieur. Il est rare que nous associions l'idée de Dieu à celle de bonheur, ou alors nous concevons ce bonheur comme une sorte d'immobilité satisfaite et, à la rigueur, indifférente aux débats et aux difficultés de la terre. Mais notre raisonnement n'est-il pas infirme ?

Au fond, que savons-nous réellement de Dieu ? Ce que la raison en devine. Mais confessons qu'elle ne va pas très loin. Dieu n'est pas une matière d'expériences scientifiques. On ne peut opérer sur lui, et nous ne pouvons formuler des lois auxquelles il serait soumis. L'essentiel – son être intime – nous échappe.

La foi elle-même connaît bien cette limite de nos connaissances. En disant : « Je suis Celui qui suis » (Ex 3, 14), Dieu affirme sa transcendance et se met au-delà de toute prise. Le raisonnement le plus aigu est vite court. « Dieu n'est pas l'éternité, il n'est pas l'infini, mais il est éternel et infini. Il n'est pas la durée ni l'espace, mais il existe de tout temps et sa présence est partout », dit par exemple Isaac Newton. Nous pouvons citer les perfections de Dieu, mais comment en dire beaucoup plus ?

Pourtant, si nous ouvrons les yeux, nous ne sommes pas si démunis à son égard. En effet, il nous a parlé de lui. La Bible est une longue confidence de Dieu sur lui-même. Cette confidence a pris tout son sens et son accomplissement par la venue de son Fils Jésus-Christ sur la terre. Or celui-ci nous a donné un certain nombre de clefs qui nous permettent d'aller bien plus loin.

Jésus nous a révélé que Dieu est un seul être, mais en

trois Personnes. Parlons d'abord de la Personne du Père en qui tout s'origine, en quelque sorte. Le Père est comme un immense cœur plein d'amour. Dieu n'a pas de l'amour comme nous avons de l'astuce ou de l'habileté manuelle. Dieu EST amour. C'est son être même. Il est l'amour parfait, à un point que nous ne pouvons pas imaginer.

L'amour est lié à la vie, c'est-à-dire au don. Il ne se clôt pas sur lui-même. Il ne se renferme pas sur soi, il n'existe pas en circuit fermé. C'est sa nature même. De toute éternité, absolument en-dehors de toute notion de temps, le Père engendre le Fils à qui il donne tout ce qu'il est : « Celui-ci est mon Fils bien-aimé en qui j'ai mis tout mon amour », dira le Père au sujet de Jésus. Le Père est donc tout l'amour donné, le Fils est tout l'amour reçu.

Déjà, dans les rapports entre le Père et le Fils apparaît cette notion de mouvement qui est liée à l'amour. L'amour est dynamique, vivant, réciproque. Il rapproche les êtres aimés : le Père et le Fils sont absolument égaux et semblables, à l'exception de leur rôle respectif de donneur et de receveur. Ils sont absolument égaux dans la divinité et sont cependant deux Personnes distinctes encore qu'entièrement unies.

Prologue de l'Évangile de saint Jean

> Au commencement était le Verbe
> et le Verbe était avec Dieu
> et le Verbe était Dieu.
> Il était au commencement avec Dieu.
> Tout fut par lui
> et sans lui rien ne fut.

Jn 1, 13.

La force de l'amour réciproque du Père vers le Fils et du Fils vers le Père est telle qu'elle est une troisième Personne :

l'Esprit Saint. Il nous est impossible de concevoir comment un amour réciproque peut être une Personne. Mais du moins nous pouvons être dans l'admiration en pensant à cette puissance de l'amour en Dieu, à la prodigieuse force de ce jaillissement réciproque. Un ermite a écrit :

> L'Esprit habite le Père et le Fils ; Il jaillit de leur rencontre et est leur joie ; Il est intimité chez les divines Personnes, leur serrement de main, leur accolade. L'Esprit, au cœur même de Dieu, est jaillissement d'amour et d'allégresse, Il est la chaleur de leur amitié, l'alliance qui les fait un[2].

Et un théologien renchérissait : « Le Saint-Esprit porte en lui tout un enchantement. Il surgit de la complaisance que le Père éprouve pour le Fils et de celle que le Fils ressent pour le Père. Il est le jaillissement de leur bonheur de se donner l'un à l'autre, ou encore l'éblouissement de leur fusion[3]. »

De la sorte, « chacune des Trois Personnes n'est pour elle-même qu'en étant pour les deux autres : le Père n'existe comme Père distinct du Fils qu'en se donnant tout entier au Fils ; le Fils n'existe comme Fils distinct du Père qu'en étant tout entier élan d'amour pour le Père[4] ».

Ainsi les Trois Personnes divines vivent-elles substantiellement une existence toute d'amour dans un échange constant. Cet échange est une explosion d'allégresse, de joie permanente. Il suffit aux Trois Personnes divines de se regarder : elles sont dans la joie. La Trinité est ainsi un chant permanent de bonheur, un échange constant d'affection.

---

2. *En ta présence le soir,* Paris, Éd. Saint-Paul, 1986, p. 82.
3. Jean GALOT, *L'Esprit d'amour*, Paris, DDB, 1959, p. 44.
4. François VARILLON, *L'Humilité de Dieu,* Paris, Le Centurion, 1974, p. 107.

Dire : « Dieu », c'est dire : « bonheur », c'est dire : « joie absolue ». Penser Dieu autrement, c'est errer, c'est déjà s'éloigner de lui, c'est confesser qu'on ne le connaît pas encore.

Le bonheur voulu par Dieu

La Trinité n'est en rien « fermée » dans son bonheur. Elle veut le communiquer. C'est la raison profonde de la création de l'homme. L'homme n'est créé que pour vivre dans l'amour avec Dieu, avec les autres, et avec soi-même. Entrer dans l'éblouissement de l'amour trinitaire est le but ultime de la vie. Nous ne sommes sur terre que pour apprendre à vivre avec Dieu, recevoir peu à peu sa présence et sa joie, deviner quelque chose de son bonheur et y participer par étapes.

Pour cela, Dieu a créé l'homme à son image. En effet, si nous devons vivre avec Dieu, il faut qu'il y ait quelque chose de commun entre lui et nous. « Dieu dit : Faisons l'homme à notre image, comme notre ressemblance et qu'ils dominent sur les poissons de la mer, les oiseaux du ciel, les bestiaux, toutes les bêtes sauvages et toutes les bestioles qui rampent sur la terre. Dieu créa l'homme à son image, à l'image de Dieu il le créa, homme et femme il les créa » (Gn 1, 26-27).

La création de l'homme est donc une merveille : le couronnement, d'une certaine manière, de l'œuvre de Dieu. Il faut cependant aller plus loin et préciser que Dieu ne crée pas l'Homme en général : il me crée moi personnellement. Comme Dieu est unique, tout homme est unique, même si nous sommes tous de la même race. La merveille de Dieu, c'est chaque homme. Le psalmiste pouvait écrire avec exultation :

C'est toi qui m'as formé les reins,
qui m'as tissé au ventre de ma mère ;

je te rends grâce pour tant de prodiges :
merveille que je suis, merveille que tes œuvres.
Ps 139 [138], 13-14.

Nous préciserons dans le chapitre suivant ce qui, dans l'homme, est image de Dieu, mais d'ores et déjà il faut insister sur sa liberté. L'homme n'est homme que s'il est libre, sinon c'est une mécanique, un être piloté de l'extérieur. Dès lors, n'étant plus image de Dieu, il n'a plus de ressemblance avec lui et ne peut plus vivre avec lui. « Dieu ne s'unit qu'à des dieux », dit Syméon le Nouveau Théologien. Or la liberté suppose le choix. Et l'homme a fait usage de ce choix dans la mauvaise direction ; il s'est comme tel, dès l'origine, coupé de Dieu. Il a refusé la paternité et a voulu créer lui-même les propres lois de sa vie. C'est ce qu'on appelle : le péché originel ; on pourrait dire aussi : l'erreur de départ.

Le résultat n'a pas été tellement brillant. Pour en être convaincu, il suffit de regarder la manière dont les hommes se conduisent entre eux et la capacité d'erreur et d'illusion qui les anime souvent. Vue sous un certain angle, l'histoire de l'humanité n'est pas drôle : « L'histoire, ce riche trésor des déshonneurs de l'homme », disait le Père Lacordaire.

Mais cette phrase comprend pourtant quelque chose d'excessif. En effet, sous des formes diverses, Dieu agit au cœur de l'histoire. Et sa grande action, c'est le salut de l'homme. L'histoire humaine est le théâtre du rachat de l'homme, d'une nouvelle action de Dieu qui va plus loin même que la création. C'est l'histoire de l'adoption de l'homme par Dieu grâce à son Fils Jésus.

Pour sauver l'homme qui consacre des trésors d'énergie à passer à côté de la vraie vie, le Père a envoyé son Fils Jésus qui s'est fait homme. Il est devenu l'un de nous pour rendre à l'humanité sa dignité et son honneur, lui ouvrir une nouvelle capacité de monter vers Dieu : « Dieu s'est fait homme pour que l'homme devienne Dieu », disent les Pères de l'Église. Jésus n'a pas simplement réparé les dégâts. Il n'est pas un sauveur extérieur à nous. Il est notre frère. Il a pris un corps humain qu'il a gardé en remontant au Ciel.

Par lui l'humanité entre, en quelque sorte, au sein même de la Trinité. Il y a maintenant comme une union, un esprit de famille bien plus fort qu'auparavant, entre Dieu et nous. Cet esprit est cimenté par un amour donné jusqu'au bout. Le Christ n'était pas obligé de venir sur la terre pour nous sauver. Il l'a fait par amour, parce que l'amour tend à rapprocher ceux qui s'aiment. En devenant homme, il se faisait proche de nous au maximum. Il n'était pas obligé non plus de mourir pour nous sauver. Il l'a fait pour aller au maximum de l'amour donné : « Il n'y a pas de plus grand amour que de donner sa vie pour ceux qu'on aime », dit Jésus (Jn 15, 13). Par amour encore, à la Pentecôte, il a envoyé l'Esprit Saint sur nous afin que nous vivions déjà, sur cette terre, de cette vie d'amour, de joie et d'unité qui est celle des enfants de Dieu. « Par elles (la gloire et la vertu de Jésus), les plus précieuses, les plus grandes promesses nous ont été données, afin que vous deveniez participants de la nature divine », dit saint Pierre (2 P 1, 3-4).

Il faut se mettre avec force devant cette réalité : nous sommes extraordinairement précieux aux yeux de Dieu. Comment le savons-nous ? Jésus, qui est le Fils unique et bien-aimé de Dieu, a donné sa vie pour nous. Qu'y a-t-il de plus sérieux que le don même de la vie ? Comment peut-on davantage prouver son amour ? Nous ne connaissons pas Dieu ? Nous avons peur de Dieu ? Nous sommes brouillés avec lui ? Nous nous sentons impuissants à aller vers lui ? Regardons Jésus dans la crèche et sur la Croix et disons-nous que nous sommes en face de choses très graves et très sérieuses. Dieu a donné sa vie pour que nous ayons la vie avec lui. Quel désir le traverse ! Quel élan vers nous !

Le cantique de saint Paul en l'honneur du Christ dans l'Épitre aux Éphésiens

Qu'il soit béni, le Dieu et Père
de notre Seigneur, Jésus, le Christ !

Il nous a bénis et comblés
des bénédictions de l'Esprit,
au ciel, dans le Christ.

Il nous a choisis dans le Christ,
avant que le monde fût créé,
pour être saints et sans péchés devant sa face,
grâce à son amour.

Il nous a prédestinés
à être, pour lui, des fils adoptifs
par Jésus, le Christ.

Ainsi l'a voulu sa bonté,
à la louange de gloire de sa grâce,
la grâce qu'il nous a faite
dans le Fils bien-aimé.

En lui, par son sang,
nous avons le rachat,
le pardon des péchés.

C'est la richesse de sa grâce
dont il déborde jusqu'à nous,
en toute intelligence et sagesse.

> Il nous dévoile ainsi le mystère de sa volonté,
> selon que sa bonté l'avait prévu dans le Christ :
> pour mener les temps à leur plénitude,
> récapituler toutes choses dans le Christ,
> celles du ciel et celles de la terre.
>
> Ep 1, 3-10[5].

Le bonheur donné par Dieu

La question qui se pose aussitôt est de savoir comment, dans la pratique, Dieu s'y prend pour nous faire avancer vers lui. Il est frappant de voir à quel point on se trompe encore sur ce point et quelles conséquences négatives s'ensuivent.

On pense très souvent que Dieu agit avec nous comme de l'extérieur. On croit alors parfois qu'il nous détermine, qu'il nous meut comme nous faisons marcher une marionnette. Contrairement à ce qu'on imagine, cette opinion est assez répandue. Un jour, j'ai participé avec un pasteur à un café théologique où on devait débattre de l'au-delà. Nous avons été étonnés l'un et l'autre du nombre de personnes qui sont intervenues pour dire qu'elles refusaient d'être responsables de leur vie. Donc, elles n'avaient pas à répondre de quoi que ce soit après leur mort. Mais si on n'est pas responsable de sa vie, qui mène cette vie, qui la fait agir ? Si c'est le hasard, c'est atroce. Et si c'est Dieu, il ne lui reste plus qu'à nous déterminer, ce qui est également affreux.

Ou bien on pense parfois, plus positivement, que sans nous déterminer absolument, Dieu nous entoure de sa protection et de son action. Il crée les circonstances favorables et, par là, nous met dans les conditions les meilleures pour

5. Traduction liturgique.

avancer. Ce n'est certainement pas faux. La Bible le dit d'ailleurs très bien. Dieu connaît en effet les besoins et les risques de notre existence, les choix et les enjeux. Il nous aide par le ministère des anges de manière permanente. Il nous entoure en effet de leur protection : « Le Seigneur a donné ordre à ses anges de te garder sur tous tes chemins » (Ps 91 [90], 11). La prière des saints et des personnes qui nous aiment joue également. Je suis sûr que, quand nous irons au Ciel, nous serons surpris de voir à quel point nous avons été aidés et protégés, même matériellement, dans le déroulement de notre existence. Je suis même convaincu que ce sera une de nos plus grandes surprises.

Mais nous ne pouvons pas nous en tenir là. Dieu va beaucoup plus loin. *Il est absolument essentiel de le comprendre, sinon notre vie avec lui ne pourra pas s'accomplir.* Dieu ne nous regarde pas comme de l'extérieur. Il ne veut pas avoir avec nous un contact périphérique. Il veut venir *en* nous. Il veut avoir avec nous l'union la plus intime et la plus profonde. Il veut réellement vivre en nous. Et ceci sans violenter notre liberté, sans nous priver de notre personnalité, bien au contraire. C'est exactement l'inverse qui se passe. L'alchimie mystérieuse est la suivante : plus Dieu est présent en nous, plus nous devenons nous-mêmes, parce que justement nous sommes faits pour cela. Comme le dit Guillaume de Saint-Thierry : « Nous avons été créés et ne vivons que pour cela seul : devenir semblables à celui qui nous a faits à son image » ou encore, selon la magnifique expression de Grégoire de Nysse : « Seul, dans l'univers, tu es une imitation de l'Être qui est supérieur à toute pensée, une similitude de la Beauté incorruptible, une empreinte de la véritable Lumière. En regardant vers elle, tu deviens ce qu'elle est, car son éclat brille en toi, reflété par ta pureté. »

C'est pour cela que le Christ est venu sur la terre. Il n'est pas venu nous sauver comme de l'extérieur, mais il désire être participant de la vie la plus profonde de chacun d'entre nous. Il veut entrer dans notre âme. Il veut s'unir à chacun : « Le Christ s'est uni à chaque homme », aime à répéter Jean-Paul II à la suite du concile Vatican II[6]. C'est là toute la vie spirituelle : Jésus veut comme revivre en chacun sa propre vie. Il veut nous faire revivre tout ce qu'il a vécu, ce que l'École française du XVIIe siècle appelait ses « états ». Tout ce qu'il a traversé nous est donné peu à peu.

Cette union du Christ à l'âme a été comparée maintes fois à celle de l'époux et de l'épouse. On a commenté, pour l'expliquer, le Cantique des cantiques, qui est un magnifique chant d'amour de la Bible. Origène, saint Bernard, saint Thomas d'Aquin, en ont donné des commentaires allégoriques de grande valeur. Il faut comprendre en effet que l'amour du Christ pour nous et son désir d'union sont au moins égaux au désir d'union que manifeste l'amour de deux époux.

À la limite, cela peut nous effrayer. En effet, si nous vivons ce qu'a vécu Jésus et nous unissons intimement à lui, nous pouvons avoir peur de souffrir comme lui. Mais ce qui fait le fond de la vie du Christ, ce ne sont pas d'abord ses douleurs, c'est la présence du Père dans sa vie,

---

6. « [...] parce qu'en lui la nature humaine a été assumée, non absorbée, par le fait même, cette nature a été élevée en nous aussi à une dignité sans égale. Car, par son Incarnation, le Fils de Dieu s'est en quelque sorte uni lui-même à tout homme. Il a travaillé avec des mains d'homme, il a pensé avec une intelligence d'homme, il a agi avec une volonté d'homme, il a aimé avec un cœur d'homme. Né de la Vierge Marie, il est vraiment devenu l'un de nous, en tout semblable à nous, hormis le péché. » (Concile Vatican II, *Gaudium et Spes*, n° 22, § 2.)

c'est son rapport avec l'Esprit Saint. Il faut relire tout l'Évangile de saint Jean, qui est comme une longue confidence du Christ sur ce qui le fait vivre : le Cœur de Jésus est entièrement occupé par son amour pour le Père. En acceptant le Christ dans notre âme, en revivant ses états, nous allons de plus en plus vers le Père sous la motion de l'Esprit : « Si quelqu'un m'aime, dit Jésus, il gardera ma parole, et mon Père l'aimera et nous viendrons vers lui et nous ferons une demeure chez lui » (Jn 14, 23) ; « Que tous soient un. Comme toi, Père, tu es en moi et moi en toi, qu'eux aussi soient un en nous » (Jn 17, 21) ; « Dieu nous a prédestinés à reproduire l'image de son Fils afin qu'il soit l'aîné d'une multitude de frères » (Rm 8, 29).

La vie avec Dieu, c'est donc l'entrée progressive de Jésus dans notre âme et notre conformité de plus en plus grande avec lui. Nous sommes « christifiés », « déifiés », et adoptés par le Père. Le Christ renouvelle en chacun de nous son Incarnation, en quelque sorte. Nous lui devenons « une humanité de surcroît », selon le mot d'Élisabeth de la Trinité. « Nous devenons enfants de Dieu si le Verbe – devenu l'un de nous par l'Incarnation – entre en nous et y renouvelle pour chacun cette Incarnation, s'il s'empare de notre nature individuelle comme, en Marie, il s'est emparé de la nature humaine[7]. »

Et maintenant, soit vous avez au moins un début d'expérience de cela, soit ce que vous lisez ici vous semble ésotérique, ou théorique, ou lointain, et vous vous posez la question : « Est-il vraiment nécessaire que je poursuive la lecture de ce livre ? » Réfléchissez-y avant de continuer

7. Augustin GUILLERAND, *Au seuil de l'abîme*, Paris, Éd. du Cerf-Nouvelle Cité, 1953, p. 53.

éventuellement et si vous voulez aller plus loin lisez donc cette belle prière qui vous aidera :

RÉVÈLE-TOI EN NOUS !

> Nous ne te demandons pas de renouveler ta naissance
> dans la nature humaine,
> mais de nous pénétrer de ton invisible divinité
> comme tu l'as fait de façon singulière pour Marie,
> et comme tu le fais maintenant, spirituellement, avec l'Église.
> Fais ceci : que notre foi te conçoive,
> que notre esprit, préservé de la corruption, t'engendre,
> que notre âme, toujours raffermie par la puissance
> du Très-Haut, puisse te donner asile.

Prière de la liturgie mozarabe (avant 1085).

Le bonheur qui nous rejoint là où nous sommes

Dieu nous prend tels que nous sommes

Il reste une autre question : celle de notre indignité. La vie humaine est faite d'ascensions et de chutes dont le poids est bien réel. Quand nous sommes lucides sur nous-mêmes, nous sommes frappés de la distance entre la pureté de Dieu et la souillure de nos âmes. Même l'âme la plus pure est pleine de péchés – j'excepte la Vierge Marie.

Quand on avance un peu dans la vie spirituelle, cette distance fait souffrir. Il se produit alors – ou ne se produit pas – une expérience décisive, qui est celle de la rencontre avec la miséricorde de Dieu. Il faut en dire quelque chose dès maintenant.

Dans une très belle retraite prêchée à l'Arche de Saint-Domingue, Jean Vanier[8] a expliqué très lucidement que

8. Fondateur de l'œuvre de l'Arche, pour aider les handicapés à trouver une vie humaine et chrétienne digne et belle.

l'être humain a spontanément une vision du monde hiérarchisée et verticale. Les responsables, ceux qui ont le droit d'évaluer, de juger, sont au-dessus des autres. Aussi, dans la vie, nous voulons toujours monter :

> La vision des hommes, c'est de toujours vouloir monter l'échelle au plus haut possible ; de gagner la course, de gagner la puissance, le pouvoir, la richesse, de dominer, de conquérir la gloire et la renommée humaines [9].

Ceux qui ne peuvent pas réussir sont considérés comme des êtres déficients. À la limite, on refuse de les considérer, on les marginalise, on décide pour eux et on va, au besoin, jusqu'à les éliminer. Ils ont une personnalité diminuée, si seulement on leur en reconnaît une. Or, souvent, nous voyons Dieu dans un schéma de ce type. Il est l'Être suprême, le Dieu des philosophes et des savants dont parlait déjà Pascal, il est celui qui domine, qui juge, qui classe. Nous en avons peur. Sur cette terre nous pouvons, soit lui obéir bien maladroitement, soit le fuir, mais nous savons qu'il nous rattrapera toujours. Mais est-ce bien le vrai Dieu ? Est-ce le Dieu que nous a révélé Jésus-Christ ?

Contre cette image de Dieu se sont élevées des voix comme celles de sainte Marguerite-Marie [10], de sainte Faustine Kowalska [11], du Père de Foucauld, du Père Varillon ou

---

9. Jean VANIER, *La Source des larmes*, Paris, Parole et Silence, 2001, p. 53.

10. 1647-1690. Elle eut entre 1673 et 1675 des apparitions du Christ qui lui montra son Cœur rempli d'amour pour les hommes. C'est l'origine du culte du Cœur de Jésus dans l'Église, c'est-à-dire du culte de l'amour de Dieu donné aux hommes jusqu'au bout.

11. 1905-1938. Elle continua sainte Marguerite-Marie en recevant du Christ des messages sur sa miséricorde pour les hommes et spécialement pour les pécheurs.

de Maurice Zundel. En effet que nous apprend l'Évangile ? Exactement le contraire de cette vision de Dieu. Nous y apprenons que Jésus a choisi la dernière place, qu'il est descendu aussi bas qu'il le pouvait, si bas que personne n'ira plus bas, disait le Père de Foucauld. Relisons l'extraordinaire « Hymne aux Philippiens » de saint Paul :

Hymne à la gloire du Christ

> Le Christ Jésus,
> ayant la condition de Dieu.
> ne retint pas jalousement le rang qui l'égalait à Dieu.
> Mais il s'est anéanti,
> prenant la condition de serviteur.
>
> Devenu semblable aux hommes,
> reconnu homme à son aspect,
> il s'est abaissé,
> devenant obéissant jusqu'à la mort,
> et la mort de la croix.
>
> C'est pourquoi Dieu l'a exalté :
> il l'a doté du Nom qui est au-dessus de tout nom,
> afin qu'au nom de Jésus tout genou fléchisse
> au ciel, sur terre et aux enfers,
> et que toute langue proclame :
> « Jésus-Christ est Seigneur »
> à la gloire de Dieu le Père.

Ph 2, 6-11 [12].

Nous sommes choqués quand le Christ prend la condition de serviteur (ou d'esclave : en grec biblique, c'est le même mot). Quand Jésus lave les pieds des apôtres, Pierre

12. Traduction liturgique.

ne peut pas le supporter. C'est tellement le monde renversé ! Or il faut que nous comprenions cette bonté de Dieu, cette humilité de Dieu qui connaît tellement les hommes qu'il sait qu'il ne les atteindra pas par le haut. L'orgueil des hommes est tel qu'ils refuseront de se soumettre à plus grand qu'eux-mêmes. La peur des hommes est telle qu'ils se protégeront de tout leur pouvoir. Crispés à leur liberté mal employée, ils refuseront de se laisser atteindre. Ils voudront être des adultes bien construits et ne réussiront qu'à être des plaies vivantes.

Le seul moyen pour Dieu de nous atteindre est de passer par le bas, d'être plus petit que nous, plus humble, plus faible, et dépendant de notre amour. Cela correspond d'ailleurs à la nature même du Dieu de la Trinité. Le Père ne garde rien pour lui : il est pur mouvement de don. Il n'a pas de supériorité par rapport au Fils. Le Fils est pur mouvement de réception. Il n'a rien à lui, il se reçoit du Père. L'Esprit n'existe pas par lui-même : il est entièrement relatif au Père et au Fils. La vie même de la Trinité consiste dans un mouvement constant qui revient à se vider de soi-même et à recevoir de l'autre. Et c'est en cela que consiste justement l'amour. Mais s'il y a distance, réserve, protection, il n'y a plus de pureté de don, de réception, d'échange.

Sur la terre, Jésus a vécu, si l'on ose dire, avec son tempérament du Ciel : il a tout reçu et tout donné, il ne s'est nullement protégé. Il a voulu instituer entre les hommes cette confiance et ce désarmement qui sont le propre du petit enfant. Pour cela, lui-même a désarmé en devenant petit enfant dans la crèche, en mourant sur une Croix sans se défendre. Pour se faire proche des hommes, il faut qu'il soit le plus petit des plus petits, le plus faible des plus faibles, le plus pauvre des plus pauvres.

« Nous sommes tous des pauvres devant Dieu », disait Mère Teresa. Dans le cœur de chacun de nous, il y a d'immenses zones de pauvreté. C'est justement là où le Christ nous rejoint. Il ne nous rejoint pas seulement là où nous sommes les plus forts, mais là où nous sommes les moins reluisants. À la Croix, il a pris sur lui tous nos péchés, il sait très bien où nous en sommes. D'une certaine manière, il n'y a pas réellement de riches, ou ceux qui le sont sont appelés à cesser de l'être : « Jésus est venu pour les pauvres, dites-vous. Hé! sans doute. Mais il est venu pour les riches aussi, afin qu'ils se fissent pauvres par amour, et vous ne pouvez pas ignorer que des centaines de milliers de saints ont obéi [13]. »

Si nous n'acceptons pas cette pauvreté de Dieu, nous avons devant nous un Dieu tellement puissant qu'il en est terrifiant. Et surtout nous ne savons pas qui est Dieu, nous ne l'avons pas rencontré. Jean Vanier explique que, quand il demande aux assistants de l'Arche s'ils prient, ils lui répondent parfois que non. Il veut savoir pourquoi :

> Et très souvent la réponse est : « J'ai peur de m'approcher de Dieu, j'ai peur qu'il me demande quelque chose que je ne veux pas faire ou que je ne peux pas faire. »
>
> Comme si Dieu était là, constamment, pour nous obliger à faire des choses que nous ne pouvons pas faire ! Il y a toujours en nous, liée à notre culpabilité fondamentale, cette étrange idée d'un Dieu qui punit et qui condamne, qui veut nous enlever ce que nous aimons, ce à quoi nous tenons, un Dieu terrible qui exige des sacrifices. Mais ce n'est pas Dieu !

---

13. Léon Bloy cité par le P. Henri de Lubac, *Paradoxes*, Paris, Seuil, 1959, p. 47.

Dieu est Celui qui nous aime, un Dieu miséricordieux qui n'est jamais déçu et qui sait bien de quoi nous sommes faits. Il sait qu'il y a en nous ce foyer de culpabilité, cette peur permanente de ne pas être aimé, cette vulnérabilité fondamentale, et qu'il nous aime. Il veut seulement nous révéler qu'il nous aime, comme il le dit à Pierre [14].

La question des médiations

La révélation de cet amour se fait généralement à travers ce que l'on nomme des « médiations » qui sont des « moyens » par lesquels Dieu nous touche et nous construit. En effet, Dieu nous atteint rarement en direct. Bien entendu, notre prière personnelle est la base de notre relation avec lui. Mais ses grâces passent en général par l'Église qu'il a fondée et ce qu'elle nous propose : sa Parole sainte, gardée et interprétée par elle, les sept sacrements, spécialement le Baptême, l'Eucharistie et la Réconciliation, la vie en Église en général. J'ajoute que, si l'on veut avancer, il est nécessaire de dialoguer avec un bon accompagnateur qui a un peu de distance.

L'objet de ce livre n'est pas de parler de ces « médiations », j'en ai traité par ailleurs [15], mais je voudrais au moins rappeler ici leur importance essentielle. Sans elles, il n'y a pas de vie spirituelle qui aille jusqu'au bout.

*

La relation entre Dieu et l'homme pose une question de communication. Au fond, Dieu a-t-il envie d'avoir des rela-

14. Jean VANIER, *op. cit.*, p. 57.

15. Sur ces médiations, je me permets de renvoyer à mon livre *Peut-on rencontrer Dieu ?*, Paris, Éd. de l'Emmanuel, 2001, dont celui-ci est en quelque sorte la suite.

tions avec l'homme ? Est-ce que cela l'intéresse, et l'homme a-t-il été créé à cette fin ? À cette interrogation, la Parole de Dieu donne une réponse forte et précise : le grand désir du Cœur de Dieu est d'avoir avec l'homme, non seulement des rapports, mais même une vraie relation, une relation de l'ordre de la plus grande intimité, qui va jusqu'à l'union[16]. Dieu est tourné vers cette communication. Il n'y met aucun sentiment de supériorité envers nous. Ce qui l'anime, c'est uniquement l'amour, comme un père aime ses enfants et désire leur bonheur. C'est la raison de la venue du Christ sur la terre. Mais l'homme ayant été créé à l'image de Dieu, tout est suspendu à sa réponse. « Je te propose la vie ou la mort, la bénédiction ou la malédiction. Choisis donc la vie, pour que toi et ta postérité vous viviez, aimant Yahvé ton Dieu, écoutant sa voix, t'attachant à lui » (Dt 30, 19-20).

Dès lors, si l'homme choisit la vie avec Dieu, tout son être se met en mouvement jusque dans ses fibres les plus secrètes, la grande aventure commence, il se découvre lui-même tel qu'il est vraiment et le Cœur de Dieu se réjouit.

16. « Il est fidèle, le Dieu par qui vous avez été appelés à la communion de son Fils, Jésus-Christ notre Seigneur » (1 Co 1, 9).

2

Comment l'homme peut-il réagir ?

Nous avons beau avoir souvent une grande estime de nous-mêmes, il faut avouer que nous sommes peu de chose devant une telle situation. Dieu nous invite à devenir des dieux par participation, à être adoptés par lui ! Notre éducation ne nous y a pas préparés... Et pourtant, l'Évangile et la Tradition de l'Église ne disent pas autre chose. Comment pouvons-nous nous situer face à cela ?

En entrant dans cette réflexion, il faut faire, une fois encore, un effort pour nous décentrer de nous-mêmes et penser que Dieu nous attend plus encore que nous ne le cherchons. La prière suivante nous y aidera :

COMME TU M'AS LONGTEMPS ATTENDU !

> Ô souverain Seigneur ! Avec quelle douceur tu as manifesté en moi ta bonté ! Je n'étais pas encore, et tu m'as donné l'être. Je me suis séparé de toi, et tu n'as pas voulu te séparer de moi...
>
> Seigneur, comme tu m'as longtemps attendu ! Quelle tendre amitié j'ai trouvée dans ton accueil ! Avec quelle bonté tu es venu mystérieusement à ma rencontre ! Que de fois tu m'as protégé ! De quels maux, de quelles

> chaînes tu m'as délivré, à quelles embûches tu m'as fait échapper !
> Malgré mon ingratitude, jamais tu n'as renoncé, tu m'as attiré à toi, tu ne m'as laissé de repos véritable qu'en toi seul.

Bienheureux Henri Suso (1295-1366).

L'art d'être un enfant

Pourquoi être un enfant ?

Nous venons de voir que Dieu est Père. Il ne peut pas ne pas l'être, et la paternité est ce qui le « définit » peut-être le mieux. Par là, il nous crée et nous regarde comme ses enfants, et cette paternité a pris des dimensions absolument nouvelles avec la venue de Jésus sur la terre et son union avec nous. Pour aller vers Dieu, la voie à suivre est donc celle des enfants. Pourtant, cela n'est pas si évident.

En effet, pour entrer dans l'exigeante aventure de la marche vers Dieu, on peut penser qu'il est nécessaire de mobiliser le meilleur de soi-même et d'aller à lui avec toute son énergie et toute sa capacité. Pour cela, on doit être un homme ou une femme responsable, un véritable adulte éduqué et compétent.

De fait, dans la Bible, on dit à maintes reprises qu'il faut être un homme debout pour entreprendre de grandes choses. Il est nécessaire, en particulier, d'avoir du courage. Par exemple, quand Josué va commencer la conquête du territoire qui deviendra la terre d'Israël, Moïse lui dit : « Sois fort et tiens bon[1] : tu entreras avec ce peuple au pays que Yahvé a juré à leurs pères de leur donner, et c'est toi qui les en mettras en

1. On traduit aussi par : « Sois fort et très courageux. »

possession. C'est Yahvé qui marche devant toi, c'est lui qui sera avec toi ; il ne te délaissera pas et ne t'abandonnera pas. Ne crains pas, ne sois pas effrayé » (Dt 31, 7-8). Plus tard, Dieu parle lui-même à Josué pour lui redire la même chose : « Sois fort et tiens bon... Ne t'ai-je pas donné cet ordre : Sois fort et tiens bon ! Sois sans crainte ni frayeur, car Yahvé ton Dieu est avec toi dans toutes tes démarches » (Jos 1, 6. 9). Il y a aussi, parmi les femmes, des exemples de courage, telles Rebecca, Esther, Judith, et plus tard, la Vierge Marie. On en fait l'éloge à plusieurs reprises. Ce courage est requis maintes fois dans la réalisation des œuvres de Dieu, sous quelque forme qu'elles se présentent. De même, l'intelligence de la vie est également nécessaire. On ne s'engage pas à la légère dans n'importe quelle aventure. Le Christ rappelle lui-même la nécessité de ce que la Tradition de l'Église appellera la vertu de prudence, ou de discernement : « Quel est le roi qui, partant faire la guerre à un autre roi, ne commence par examiner s'il est capable, avec dix mille hommes, de se porter à la rencontre de celui qui marche vers lui avec vingt mille ? » (Lc 14, 31). Le modèle idéal en ce domaine demeure le roi Salomon, plein de sagesse dans le gouvernement de son royaume difficile et complexe[2].

On voit ici le rôle de l'éducation et de l'exemple. Les pères et les mères doivent élever leurs enfants dans cette tradition d'énergie, de discernement et de foi pour qu'ils puissent accomplir les œuvres de Dieu. On sait par ailleurs que, comme Dieu l'a dit à Josué, son appui ne leur manquera pas.

Et certes, tout cela reste entièrement valable. Les lâches n'hériteront pas du Royaume de Dieu. Il faut être capable de faire des choix raisonnés et cohérents, de tenir bon, de faire

2. Voir le livre de la Sagesse, en particulier les chapitres 6 à 9.

les sacrifices nécessaires pour parvenir au but. Le Christ nous met devant des situations radicales. Il veut pour le suivre des hommes et des femmes entièrement engagés, qui acceptent de tout perdre pour tout gagner. Il n'y a pas de vie avec Dieu sans risques et sans efforts. Si l'on veut entrer dans cette existence, il faut mobiliser son courage, comme Josué et bien d'autres l'ont fait.

Cependant, dans la recherche de Dieu, dans la vie avec lui, il y a quelque chose de plus important encore que le courage, l'intelligence et la capacité, c'est l'esprit d'enfance. Cela n'est pas contradictoire avec ce qui précède. Le théologien allemand Romano Guardini disait : « Jésus ne vise rien de sentimental, de touchant, d'aimablement impuissant et de délicatement caressant [...] L'enfance spirituelle, au sens du Christ, n'est autre que la maturité chrétienne[3]. » Et de fait : plus le temps va passer, plus on va se trouver engagé avec Dieu, plus cet esprit d'enfance va dominer. Pourquoi ?

D'abord, parce que, structurellement, l'être humain est un fils ou une fille de Dieu[4]. C'est le fond de son être. Plus il va vers Dieu, plus il prend conscience de cette réalité et plus il a le désir d'en vivre. Il se découvre lui-même et se réalise à mesure qu'éclôt en lui l'esprit d'enfance.

Ensuite, parce que la capacité et la force de l'être humain ont bien des limites. On entre dans la vie spirituelle avec toute son énergie. On s'aperçoit vite qu'il n'y a pas de place pour le compromis et, si l'on veut avancer, on consent aux sacrifices et aux ruptures nécessaires. Mais plus tard, on comprend aussi que la plus grande générosité, la formation

3. Romano GUARDINI, *Le Seigneur,* trad. française, t. 1, Paris, 1945, p. 306.
4. Voir le texte cité plus loin, p. 46 (note 10).

la mieux adaptée et la meilleure intelligence de la vie rencontrent de grandes limites. On finit par toucher le fond de ses capacités. C'est une expérience douloureuse, mais fondatrice[5]. Il ne reste plus alors qu'à faire entièrement confiance à Dieu pour poursuivre la route et à s'en remettre à lui pour la conduite de sa vie. Alors, on découvre l'esprit d'enfance, et l'adulte consent peu à peu à n'être plus qu'un tout-petit. Le bienheureux Dom Marmion exprimait cela en disant : « Toute la vie chrétienne comme toute la sainteté se ramène à cela : être par la grâce ce que Jésus est par nature : le fils de Dieu… Le saint le plus élevé dans le ciel est celui qui, ici-bas, a été le plus parfaitement enfant de Dieu, qui a fait davantage fructifier en lui la grâce de son adoption surnaturelle en Jésus-Christ[6]. » Au fond, tout se résume à ce que dit l'Épître aux Romains : « Tous ceux qu'anime l'Esprit de Dieu sont fils de Dieu. Aussi bien n'avez-vous pas reçu un esprit d'esclaves pour retomber dans la crainte ; vous avez reçu un esprit de fils adoptifs qui nous fait nous écrier : *Abba*, Père ! L'Esprit en personne se joint à notre esprit pour attester que nous sommes enfants de Dieu. Enfants, et donc héritiers de Dieu et cohéritiers du Christ » (Rm 8, 14-17) ; ou encore l'Épître aux Galates : « La preuve que vous êtes des fils, c'est que Dieu a envoyé dans nos cœurs l'Esprit de son Fils qui crie : *Abba*, Père ! Aussi n'es-tu plus esclave, mais fils ; fils et donc héritier de par Dieu » (Rm 4, 6-7).

C'est l'expérience qu'a faite « la plus grande sainte des temps modernes », selon de mot de Pie XI : sainte Thérèse de l'Enfant Jésus († 1897). Elle a été proclamée par Jean-Paul II docteur de l'Église pour que soit mieux reconnue et

5. Nous en reparlerons plus loin.
6. Dom Columba MARMION, *Le Christ dans ses mystères*, Maredsous, 1919, p. 72.

proposée au monde entier sa « petite voie d'enfance spirituelle ». En réalité, celle-ci consiste en une confiance absolue en Dieu parce qu'il est notre Père, dans une souplesse totale entre ses mains. Thérèse aimait dire par exemple qu'elle était « sa petite balle ». Toute la force de Thérèse résidait dans l'acceptation toute simple de sa faiblesse : « Ô Jésus, je sens que si par impossible tu trouvais une âme plus faible, plus petite que la mienne, tu te plairais à la combler de grâces plus grandes encore, si elle s'abandonnait avec une entière confiance à ta miséricorde infinie[7]. » Thérèse savait qu'elle n'avait rien, mais que Dieu aimait la faiblesse. Elle se savait l'héritière et la fille du Roi des rois, et donc elle avait tout. Elle a ainsi vécu la sainteté et l'a proposée à tous sous la forme la plus accessible en même temps que la plus haute.

Comment Thérèse de l'Enfant-Jésus a trouvé le moyen de devenir une sainte[8]

> Vous le savez, ma Mère, j'ai toujours désiré d'être une sainte, mais hélas ! j'ai toujours constaté, lorsque je me suis comparée aux saints, qu'il y a entre eux et moi la même différence qui existe entre une montagne dont le sommet se perd dans les cieux et le grain de sable obscur foulé sous les pieds des passants ; au lieu de me décourager, je me suis dit : le Bon Dieu ne saurait inspirer des désirs irréalisables, je puis donc malgré ma petitesse aspirer à la sainteté ; me grandir, c'est impossible, je dois me supporter telle que je suis avec toutes mes imperfections ; mais je veux chercher le moyen d'aller au Ciel par une petite voie bien droite, bien courte, une petite voie toute nouvelle. Nous sommes

7. Sainte Thérèse de l'Enfant-Jésus, Manuscrit B, 5 v°, dans *Œuvres complètes,* Paris, Éd. du Cerf-DDB, 1992, p.

8. Manuscrit C, 3 r°, dans *Œuvres complètes,* p. 237-238.

> dans un siècle d'inventions, maintenant ce n'est plus la peine de gravir les marches d'un escalier, chez les riches un ascenseur le remplace avantageusement. Moi je voudrais aussi trouver un ascenseur pour m'élever jusqu'à Jésus, car je suis trop petite pour monter le rude escalier de la perfection. Alors j'ai recherché dans les livres saints l'indication de l'ascenseur, objet de mon désir, et j'ai lu ces mots sortis de la bouche de la Sagesse éternelle : « Si quelqu'un est *tout petit*, qu'il vienne à moi. » Alors je suis venue, devinant que j'avais trouvé ce que je cherchais et voulant savoir, ô mon Dieu ! ce que vous feriez au tout-petit qui répondrait à votre appel, j'ai continué mes recherches et voici ce que j'ai trouvé : « Comme une mère caresse son enfant, ainsi je vous consolerai, je vous porterai sur mon sein et je vous balancerai sur mes genoux ! » Ah ! jamais paroles plus tendres, plus mélodieuses ne sont venues réjouir mon âme, l'ascenseur qui doit m'élever jusqu'au Ciel, ce sont vos bras, ô Jésus ! Pour cela je n'ai pas besoin de grandir, au contraire il faut que je reste petite, que je le devienne de plus en plus. « ô mon Dieu, vous avez dépassé mon attente et moi je veux chanter vos miséricordes. Vous m'avez instruit dès ma jeunesse et jusqu'à présent j'ai annoncé vos merveilles, je continuerai de les publier dans l'âge le plus avancé. » (Ps 70.)

Nous pouvons redevenir enfants

Nous voudrions bien faire comme Thérèse. Mais comment redevenir enfant ? Quand Jésus disait au pharisien Nicodème qu'il fallait « naître de nouveau », celui-ci lui rétorquait : « Comment un homme peut-il naître de nouveau ? Peut-il une seconde fois entrer dans le sein de sa mère ? » (Jn 3, 1-8). Peut-on revenir en arrière ? Heureusement, l'être humain est bien fait. Au fond de nous, il est resté, sans que nous le sachions, un enfant qui dort. Il est intact sous les accumulations progressives de la vie[9]. Des psychologues contemporains ont été sensibles à cette découverte : « La bonne nouvelle est que nous naissons tous avec des sentiments intacts. Avec un peu d'effort et beaucoup de courage, nous pouvons retrouver cet état d'innocence[10]. » Le Dr Vittoz, le grand psychothérapeute de Lausanne, ou le Dr Tomatis, qui a renouvelé mains aspects de notre connaissance de l'oreille, avaient fait la même constatation. Au centre de nous-mêmes, il y a un bébé de trois ans, voire même un nourrisson, qui sommeille. Ce que nous avons vécu dans notre plus petite enfance reste gravé dans notre être, et nous pouvons, si nous le voulons, retrouver ce capital.

Le bébé présente cette particularité d'être entièrement dépendant et de s'en trouver bien. Dans le ventre de sa mère, il est en sécurité. Quand il naît, s'il arrive dans un environnement normal, il est entouré de soins et de tendresse, et on lui donne en temps utile tout ce dont il a besoin. Il est aimé, cajolé, et le regard qu'on a sur lui est positif et plein d'espoirs. Plus tard, il doit se défendre et souvent – sinon toujours – il se raidit et se déforme. Ce qu'il y a d'extraordi-

---

9. Le P. Thomas Philippe, co-fondateur de l'Arche avec Jean Vanier, s'appuyant sur sa propre expérience et sur les travaux de Thompson, un disciple de Freud devenu chrétien, a expliqué que la première conscience du tout petit enfant est une conscience d'amour, avant d'être animée par un instinct de vie ou de mort. Cette conscience d'amour constitue comme le noyau premier de notre personne, et se greffent sur elle, peu à peu, les diverses autres formes de conscience. Cela explique que l'être humain soit constitué pour l'amour et que celui-ci ne puisse se développer pleinement que dans un certain rapport à l'état d'enfance spirituelle. Voir Thomas PHILIPPE, *Les âges de la vie. I : L'enfance,* 3e éd., Trosly-Breuil, Les Chemins de l'Arche-La Ferme, 1996.

10. Dr Archibald D. HART, *La dépression au masculin,* Richmond (Québec), Orion, 2002, p. 121.

naire, c'est la possibilité, avec Dieu et grâce à l'Esprit, de retourner à cette innocence, à cette souplesse, à cette confiance. C'est tout le but de l'itinéraire spirituel d'un être humain : devenir fils dans le Fils.

PRIÈRE POUR DEMANDER L'ESPRIT D'ENFANCE

> Sainte Marie, Mère de Dieu,
> gardez-moi un cœur d'enfant,
> pur et transparent comme une source.
>
> Obtenez-moi un cœur simple
> qui ne savoure pas les tristesses,
> un cœur magnifique à se donner,
> tendre à la compassion,
> un cœur généreux et fidèle qui n'oublie aucun bien
> et ne tient rancune d'aucun mal.
>
> Faites-moi un cœur doux et humble,
> donnant sans demander de retour,
> joyeux de s'effacer dans un autre cœur
> devant votre divin Fils,
> un cœur grand et indomptable,
> qu'aucune ingratitude ne ferme,
> qu'aucune indifférence ne lasse,
> un cœur tourmenté de la gloire de Jésus-Christ,
> blessé de son amour,
> et dont la plaie ne guérisse qu'au ciel.

Père Léonce de Grandmaison (1868-1927).

Acquérir les réflexes de l'enfant

Si l'on a compris qu'on est un enfant de Dieu, la vie change, comme l'a si bien exprimé le Père Henri Boulad, jésuite : « La foi, c'est la certitude d'être aimé à la folie par un Père tout-puissant, créateur du ciel et de la terre. C'est la certitude d'être son propre enfant. Cette certitude crée en nous un état d'abandon, de détente, qui fait que l'être tout entier s'en trouve transformé, renouvelé, régénéré : on digère mieux, on dort mieux, on mange mieux, on se porte mieux, on communique mieux, on travaille mieux... Tout change parce que tout, en nous, est suspendu à l'amour. Ce qu'il faut, c'est que cette foi, cette certitude, passent dans notre corps, deviennent chair et sang et se traduisent dans notre vie[11]. »

Pour entrer dans la vie intérieure, il faut donc acquérir les réflexes de l'enfant. D'une part il y faut une conviction et un travail personnels, mais d'autre part c'est surtout l'Esprit Saint qui, à notre prière, nous fait peu à peu ce don. Quelles sont donc les attitudes les plus fondamentales de l'enfant qui, peu à peu, deviendront en nous comme des sortes de réflexes spirituels ? Nous allons en examiner cinq : la confiance, l'abandon, le désir, l'attention à l'instant présent, la pureté de cœur.

La confiance

Un enfant est confiant. Pour être confiant, il faut savoir que nous avons au-dessus de nous quelqu'un de plus fort que nous, qui nous veut du bien, qui a l'œil sur nous, qui nous donne ou nous propose, à chaque instant, ce dont nous avons besoin. Ce quelqu'un doit nous comprendre en profondeur, savoir qui nous sommes vraiment, et voir ce qui est le meilleur pour nous. Il doit avoir le sens de nos forces et de nos limites, il doit travailler à nous donner confiance, à nous rendre libres, à nous pousser toujours plus loin pour nous faire grandir. Si nous avons un être comme celui-là dans nos relations, nous pouvons nous appuyer sur lui.

---

11. Henri BOULAD, *L'Amour de Dieu*, Sillery (Québec), Anne Sigier, 2001, p. 86.

C'est exactement comme cela qu'est Dieu notre Père. Entrer dans la voie de l'enfance spirituelle, c'est entrer en même temps dans le chemin de la confiance. Dom Chautard, l'un des grands maître spirituels du début du XXe siècle, disait : « Quand on sait ce que Dieu est, quand on pense à sa puissance et à sa sagesse, à son amour, quand on croit vraiment qu'il s'occupe de nous à chaque instant et qu'il nous aime infiniment, que peut-on redouter ? » et Thérèse d'Avila de renchérir : « Dieu n'a jamais manqué à ses amis [...] Il n'abandonne jamais, dût-il faire des miracles, ceux qui se confient pleinement à lui. »

La vie sociale ne nous rend pas toujours confiants. Il existe un délicieux petit livre sur les Français vus par un Anglais : *Les Carnets du major Thompson*[12]. Le chapitre II s'intitule : « Gentil pays de la méfiance... et de la crédulité ». Il explique que le Français naît et demeure méfiant. Il y a des pages très drôles et sympathiques. Mais en ce domaine, tous les hommes ont plus ou moins la même nationalité ! La méfiance est plus ou moins universelle.

Or la confiance dégage le cœur, elle rend la vie légère, elle donne un regard positif sur toute chose. Avoir un regard positif, un *a priori* favorable, constitue une véritable révolution mentale pour la plupart d'entre nous. Mais ceux qui ont fait cette révolution-là, d'ailleurs toujours à actualiser, savent que l'axe de leur vie en a été comme décalé. Les conséquences en sont proprement incalculables. En bref, comme dit la petite Thérèse : « C'est la confiance, et rien que la confiance, qui doit nous mener à Dieu. »

---

12. Pierre DANINOS, *Les Carnets du major Thompson*, Paris, Hachette, 1954, p. 29-46. Le passage sur le choix du menu au restaurant est, à mon sens, très drôle.

L'abandon

La confiance mène à l'abandon. S'abandonner, c'est se laisser faire. Ce n'est pas rien de se livrer entre les mains de quelqu'un, fût-ce le Seigneur. Mais après tout, quand on saute en parachute ou à l'élastique, ou, plus simplement, quand on prend l'avion, on est bien obligé de s'abandonner à des « moyens de transport » purement matériels. Si nous croyons en Dieu réellement, si nous le croyons vivant, actif et bon pour nous personnellement, pourquoi ne nous abandonnerions-nous pas entre ses mains ? L'abandon est ainsi fondé sur l'amour et la confiance en Dieu, à qui nous remettons la conduite de notre vie, et spécialement de notre vie intérieure, en vue d'aller vers lui.

L'abandon n'est pas l'indifférence à tout ce qui peut nous arriver. C'est quelque chose de beaucoup plus dynamique et positif. Saint Vincent de Paul, qui l'a beaucoup pratiqué, en parlait en ces termes : « La perfection consiste à unir tellement notre volonté à celle de Dieu que la sienne et la nôtre ne soient à proprement parler qu'un même vouloir et non-vouloir. » Nous entrons donc volontairement dans la volonté de Dieu sur nous. Il est d'ailleurs assez agréable de voir ce que Dieu veut de nous – car c'est toujours le meilleur. On perçoit aussi que les moyens sont déjà préparés et ne nous manqueront pas. L'abandon nous fait donc avancer avec plus de sûreté et de dynamisme, plus de fraîcheur et d'élan.

Peu à peu, c'est tout nous-mêmes qui se trouve ainsi remis entre les mains de Dieu. Bossuet disait, dans la belle langue du XVIIe siècle : « Cet acte [d'abandon] livre tout l'homme à Dieu, son âme, son corps en général et en particulier, toutes ses pensées, tous ses sentiments, tous ses désirs, tous ses membres, toutes ses veines avec tout le sang qu'elles renferment, tous ses nerfs jusqu'aux moindres linéaments, tous ses os, et jusqu'à l'intérieur et jusqu'à la moelle, toutes ses entrailles, tout ce qui est au-dedans et au-dehors. »

On pourrait croire ces propos exagérés. Mais ils sont pourtant de bon sens. Pouvez-vous dire que vous connaissez à fond votre propre monde psychologique ? Certainement non. L'être humain est un véritable univers et, au cours de la vie, on découvre en soi des zones entières qu'on ignorait jusque-là. Il est bien difficile de se diriger soi-même au milieu de ces demi-clartés ! *A fortiori* pouvons-nous dire que nous connaissons notre âme, notre monde spirituel ? Encore moins. Notre âme est plus immense encore que notre psychologie purement humaine. Et nous ne savons pas non plus où Dieu en est exactement avec elle, là où il règne déjà, là où on lui résiste. Pour la conduite de notre âme, le mieux est encore de s'en remettre à un bon spécialiste, et le meilleur spécialiste, c'est Dieu.

Nous pouvons le faire parce que Dieu n'exige pas notre démission ni la perte de notre liberté. Il nous sollicite et nous inspire par le dedans. Il ne nous force ni ne nous violente, parce que, redisons-le sans cesse, c'est un Père. En fait, tout nous est préparé à l'avance si nous le voulons bien. C'est assez détendant : « Ce que je sais de demain, disait le Père Lacordaire, c'est que la Providence se lèvera avant le soleil. »

Du reste, quand on lit les Évangiles, on trouve souvent ce conseil de Jésus : se laisser faire, s'abandonner, ne pas s'inquiéter de la suite, s'en remettre à notre Père des Cieux. Lui-même s'abandonne à la volonté du Père dans le moment le plus dramatique de sa vie, quand il est le plus tenté, à Gethsémani : « Que ta volonté soit faite, et non la mienne » (Lc 22, 42). Le Père lui donne alors la force d'avancer vers la Passion qui nous sauvera tous, vous et moi.

S'abandonner à la Providence

> Voilà pourquoi je vous dis : Ne vous inquiétez pas pour votre vie de ce que vous mangerez, ni pour votre corps de quoi vous le vêtirez. La vie n'est-elle pas plus que la nourriture, et le corps plus que le vêtement? Regardez les oiseaux du ciel : ils ne sèment ni ne moissonnent ni ne recueillent en des greniers, et votre Père céleste les nourrit! Ne valez-vous pas plus qu'eux? Qui d'entre vous d'ailleurs peut, en s'en inquiétant, ajouter une seule coudée à la longueur de sa vie? Et du vêtement, pourquoi vous inquiéter? Observez les lis des champs, comme ils poussent : ils ne peinent ni ne filent. Or je vous dis que Salomon lui-même, dans toute sa gloire, n'a pas été vêtu comme l'un d'eux. Que si Dieu habille de la sorte l'herbe des champs, qui est aujourd'hui et demain sera jetée au four, ne fera-t-il pas bien plus pour vous, gens de peu de foi! Ne vous inquiétez donc pas en disant : Qu'allons-nous manger? Qu'allons-nous boire? De quoi allons-nous nous vêtir? Ce sont là toutes choses dont les païens sont en quête. Or votre Père céleste sait que vous avez besoin de tout cela. Cherchez d'abord son Royaume et sa justice, et tout cela vous sera donné par surcroît. Ne vous inquiétez donc pas du lendemain : demain s'inquiétera de lui-même. À chaque jour suffit sa peine.

Mt 6, 25-34.

Le désir

Quand nous sommes abandonnés entre les mains de Dieu, nous ne sommes cependant pas inactifs. Notre activité change, en quelque sorte, de mode. Si nous croyons que tout dépend de nous, nous mobilisons tout ce que nous avons et nous nous battons. Mais si nous savons que l'essentiel vient de Dieu, nous faisons bien entendu notre part, mais surtout, nous demandons à notre Père des Cieux de nous donner ce dont nous avons besoin. La part de demande, d'attente, et donc de prière, devient ainsi prioritaire. Elle passe avant l'action, tout en ne l'annulant pas.

Il n'y a pas de demande sans espérance d'être exaucé. C'est pourquoi le désir est si important dans la vie spirituelle. L'homme qui vit avec Dieu est un homme de désir. Il est tout tendu vers ce que Dieu va lui donner, c'est-à-dire d'abord Dieu lui-même : « Comme languit une biche après l'eau vive, ainsi languit mon âme vers toi, mon Dieu », dit un psaume (Ps 42-43 [41-42], 2). Le désir excite la confiance. Il n'y a rien qui fasse davantage grandir que le désir de Dieu et de ses bienfaits. Et plus nous avons, plus nous désirons Dieu : « Progresser sans cesse vers Dieu et ne jamais cesser de monter, c'est là vraiment jouir du Bien-Aimé ; le désir à chaque instant comblé engendrant le désir de ce qui reste au-delà », dit Grégoire de Nysse.

Si nous méditons avec attention le Notre Père, la prière parfaite que Jésus nous a enseignée, nous voyons que le Christ essaie d'augmenter sans cesse notre désir de Dieu. Bien entendu, le Père sait ce dont nous avons besoin, et il veut nous le donner jour après jour. Mais il veut aussi que nous le désirions et le lui demandions. Sinon, nous deviendrions des enfants gâtés, qui croient que tout leur est dû. Le Père nous donne tout, mais il le donne à des enfants heureux de le recevoir, qui en savent le prix, parce qu'ils l'ont désiré et parfois attendu. Le désir prépare à goûter la valeur des choses, il rend reconnaissant envers le Seigneur. Nous sommes des enfants comblés mais, parce que nous avons désiré, nous sommes aussi des enfants reconnaissants[13].

---

13. Saint Pierre nous compare à « des enfants nouveau-nés » (1 P 2, 2).

L'attention à l'instant présent

Tout le monde sait bien qu'un petit enfant vit dans l'instant présent, il n'a pas le souci du lendemain, parce que son papa et sa maman y pensent pour lui. Nous n'avons en réalité que la journée devant nous. Qui sait où nous serons demain ? Pourquoi nous inquiéter de ce que nous ferons ?

Hélas, une des choses qui paralyse ou, du moins, gêne grandement l'action de Dieu en nous est la fuite. Nous fuyons Dieu parce que nous fuyons la réalité. La grâce de Dieu est préparée pour nous être donnée, mais quand elle arrive elle ne nous trouve pas. Nous sommes partis. Nous avons quitté l'instant présent, nous avons fui dans le passé ou le futur, dans la mémoire ou dans l'imagination (la « folle du logis » selon Malebranche). Le réel est parfois si dur et angoissant que nous le quittons. Nous ne voulons pas épouser le réel. Au contraire, nous faisons tout pour le repousser loin de nous. La mode du virtuel ne nous aide pas à nous incarner, à poser les pieds sur terre. Cette fuite du réel est aussi la raison profonde de la drogue, de l'alcoolisme et de nombreuses déviances. Nous sommes souvent, au moins partiellement, des extra-terrestres au milieu même de nos vies. Et du coup nous ne sommes plus des vivants.

Avancer vers Dieu suppose un effort pour quitter le virtuel et entrer dans le réel. Cet effort est possible si nous avons confiance dans la valeur du réel, si nous savons que Dieu nous y attend et nous y comblera – et seulement là ! Et le réel, c'est l'instant que je vis, ici, maintenant. Le passé est mort, il ne reviendra plus. Le futur n'est pas encore et ne sera peut-être jamais, sous la forme où je l'attends. Seul le présent est réel et Dieu n'est pas ailleurs que dans ce présent. Si nous ne comprenons pas cela, nous ne vivrons pas. Nous passerons notre vie dans une sorte de rêve et nous mourrons en étant passés à côté de la beauté de la vraie vie.

Jean Vanier raconte cette histoire significative :

> C'est un jeune garçon à l'école, qui dit tout le temps : « Ah ! quand j'aurai quitté l'école et que je travaillerai, je serai heureux. »
>
> Il quitte l'école, se met à travailler et dit sans cesse : « Ah ! quand je me marierai, ce sera le bonheur. »
>
> Il se marie et au bout de quelques mois il constate que la vie manque de variété et il se dit : « Ah ! que ce sera bien quand on aura des enfants ! »
>
> Les enfants viennent, et c'est charmant, mais ils pleurent vraiment souvent à deux heures du matin et le jeune soupire : « Vivement qu'ils soient grands ! »
>
> Et les enfants grandissent, ne pleurent plus à deux heures du matin, mais font mille et une bêtises et les vrais problèmes commencent. Et lui rêve du moment où il sera seul avec sa femme : « Ce sera si bien ! »
>
> Et quand il est enfin vieux, il se souvient avec nostalgie du temps passé : « C'était si bien[14] ! »

Courage ! Ne craignons pas cet effort de conversion au réel. La joie est là, le bonheur nous y attend, parce que Dieu y est, et aussi ceux qu'il nous sera donné d'aimer. Sortons de notre bulle, entrons dans la vraie vie.

La pureté de cœur

Dans le discours sur la montagne, qui ouvre en quelque sorte la prédication de Jésus dans saint Matthieu, le Christ donne les clefs du bonheur par ce qu'on appelle les

---

14. Jean VANIER, *op. cit.*, p. 131.

Béatitudes (Mt 5, 1-12). L'une d'entre elles est la suivante : « Heureux les cœurs purs, car ils verront Dieu » (Mt 5, 8). La vue de Dieu est ainsi liée à la pureté du cœur. C'est très important pour nous.

La pureté s'oppose à l'impureté. L'impureté peut toucher le corps, mais remarquons que Jésus va ici plus profond en parlant du cœur qui, dans la Bible, est le centre de l'homme. C'est le lieu de sa pensée la plus intime et de ses décisions les plus fondamentales. L'impureté est liée à la possession : je prends les autres et Dieu lui-même, à mon service. Je les retourne vers moi, je ne les reconnais pas, je ne les respecte pas. Au contraire, j'en fais des objets, des machines. Mon cœur est encombré de moi-même, il n'est pas dégagé, il n'y a pas de place en lui pour la grâce de Dieu, il n'est pas pur, je ne peux pas voir Dieu. Je me crois très fort, alors que je suis un aveugle. Je me suis constitué le centre du monde et je me crois riche, alors que je suis le plus pauvre des pauvres, mais je ne le sais pas. Je passe à côté de la vraie vie, mais je ne sais même pas qu'elle existe.

Ici aussi, nous sommes appelés à une conversion qui durera, en fait, plus ou moins toute la vie. Mais nous pouvons déjà, au départ de tout itinéraire spirituel, nous engager dans celui-ci de bonne foi. Quand Jésus rencontre Nathanaël pour la première fois, il lui dit : « Voici un véritable Israëlite, en qui tout est droit » (Jn 1, 47). Il ne lui dit pas qu'il est compétent, qu'il est capable, qu'il sera un grand homme. Il constate simplement qu'il est un homme de bonne foi, qui recherche la volonté de Dieu plus qu'il ne se recherche lui-même. L'éducation de Nathanaël, comme celles des autres apôtres, durera trois ans. Il y aura des avancées et des moments de doute, et Nathanaël, qui prendra le nom de Barthélémy, ne se comportera pas mieux que les autres lors de la Passion de

Jésus. Mais du moins, même au milieu de ses difficultés, il restera un homme de bonne foi, à la différence de Judas, dont le cœur n'est pas pur. C'est pourquoi il recevra l'Esprit Saint et partira annoncer l'Évangile.

Dieu fait des saints avec de pauvres gens. Mais il veut des personnes de bonne foi, des cœurs purs. Demander la pureté de cœur, insister pour la recevoir peu à peu, est une prière que Dieu ne repousse jamais.

En quoi consiste la pureté de cœur

> La pureté de cœur consiste à n'avoir rien dans le cœur, qui soit tant soit peu contraire à Dieu et à l'opération de la grâce.
>
> Tout ce qu'il y a de créatures au monde, tout l'ordre de la nature et celui de la grâce, toute la conduite de la Providence, tend à ôter de nos âmes ce qui est contraire à Dieu. Car jamais nous n'arriverons à Dieu, que nous n'ayons corrigé, retranché, détruit, soit en cette vie, soit en l'autre, tout ce qui est contraire à Dieu…
>
> Quand le cœur est bien purgé, Dieu remplit l'âme et toutes ses puissances, la mémoire, l'entendement, la volonté, de sa sainte présence et de son amour. Ainsi la pureté de cœur conduit à l'union divine, et l'on n'y arrive point ordinairement par d'autres voies.

Père Louis Lallemant (1588-1635) [15].

Les zones de l'être

Maintenant que vous êtes convaincu de tout cela (du moins je l'espère), il me semble que nous pourrions voir de

15. *La Doctrine spirituelle,* éd. F. Courel, Paris, DDB, 1959, p. 139-140.

plus près comment est fait l'être humain, spécialement dans son rapport à Dieu. Un petit parcours d'anthropologie théologique s'avère bien utile pour voir où et comment va se manifester la grâce de Dieu, dans quels lieux se jouera notre itinéraire spirituel. Nous allons utiliser pour cela la présentation de l'être humain à travers le schéma dit des « zones de l'être » [16]. C'est une présentation moderne, qui tient compte des apports de la psychologie contemporaine, mais elle est parfaitement cohérente avec les présentations classiques, comme celles de saint Augustin ou de saint Thomas d'Aquin.

Description des zones de l'être

On a toujours su que, chez l'être humain, il y a un corps et quelque chose de plus. Ce quelque chose, ce sont des capacités qui dépassent le corps : l'intelligence, la possibilité de faire des choix (ou volonté). Plus profondément encore, on sait qu'il y a dans l'homme une capacité d'entrer en relation avec Dieu. On nomme cela l'âme. Saint Thomas d'Aquin, à la suite d'Aristote, mais en le complétant et le précisant beaucoup, en a parlé d'une manière magistrale. Enfin, on sait aussi que l'être humain peut se rappeler une bonne partie de ce qui l'atteint. Bergson disait même que nous étions capables de nous souvenir de tout et que le pro-

16. L'idée de présenter la structure de la personnalité humaine sous la forme de zones concentriques dont le corps constitue la périphérie, et le « je », ou « moi profond », le centre, est due, semble-t-il, au P. Caffarel. Cf. H. CAFFAREL, *Cinq soirées sur la prière intérieure*, Paris, Éd. Feu nouveau, 1980. Cette présentation rejoint les intuitions du psychiatre viennois Viktor Frankl, qui, face à une certaine psychanalyse tendant à réduire l'homme à une mosaïque de pulsions (un « ça »), souligne le rôle central du « je » ou du « moi », libre et responsable. Elle a été explicitée par le Dr Martine Catta dans le contexte de la Communauté de l'Emmanuel, dont elle est co-fondatrice. Sur tous ces points, voir : Denis BIJU-DUVAL, *Le Psychique et le Spirituel*, Paris, Éd. de l'Emmanuel, 2001.

blème était d'expliquer, non le souvenir, mais l'oubli. Cette capacité est nommée la mémoire. Il y a ainsi plusieurs manières de décrire l'être humain, mais elles ne sont pas contradictoires les unes avec les autres.

Remarquons d'emblée que l'être humain est à la fois un et divers. Il vit dans le présent, mais sa mémoire est là. Il agit à tel ou tel moment plutôt dans son corps, ou plutôt dans son intelligence, ou dans sa volonté, ou dans son âme, mais tout le reste est aussi existant et plus ou moins actif. Il est toujours un tout, une personne, formée d'éléments complémentaires comme les membres du corps.

Remarquons encore que cela est bon en soi. L'être humain a été voulu ainsi par Dieu et créé par lui sous cette forme. Elle le constitue. Le Christ a pris notre humanité en assumant tout ce qu'est l'homme. Il faut donc se débarrasser, au stade où nous en sommes, de toute pensée affirmant que l'être humain est mal fait. Il est très bien fait, au contraire, mais il est blessé. Il a tout pour avancer, mais il s'arrange souvent pour reculer. Tout le but de la vie spirituelle est de replacer les choses dans le droit chemin. On s'aperçoit alors que tout se met en ligne et fonctionne bien, moyennant quelques opérations de redressement indispensables. C'est un peu comme la kiné.

On peut distinguer chez l'homme plusieurs zones qui, il faut bien le remarquer d'emblée, ne sont pas étanches, mais communiquent en permanence l'une avec l'autre. Ces zones n'ont pas cependant le même degré de « profondeur ». On pourrait même dire qu'il y a un certain ordre d'importance des diverses zones. En tout cas, pour la vie spirituelle, cela est assez net.

La première zone, la plus « extérieure », si l'on ose ainsi parler, est le corps. Il a sa vie propre dans une large mesure, ses exigences et ses réflexes. Il a aussi sa mémoire. La seconde zone est la sensibilité, c'est à dire la manière dont je ressens ce qui touche le corps. La troisième zone, plus « travaillée », plus interne, est l'intelligence. Au centre, se situe le « je » ou le « moi profond ». Toutes ces zones vont être affectées, chacune à sa manière, par ma relation avec Dieu.

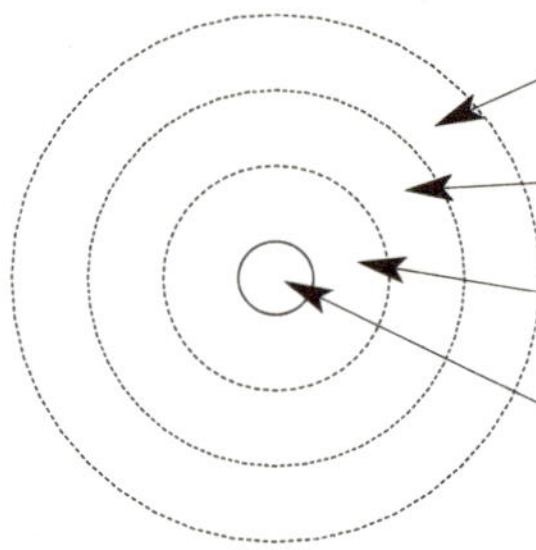

Le schéma des zones de l'être

Le corps

Il faut évacuer d'emblée cette idée trop répandue que le corps est comme extérieur à moi et qu'il est un obstacle à la vie spirituelle. Le corps, c'est moi. Je ne suis pas une âme emprisonnée dans un corps et qui aspire à en sortir le plus vite possible. Je suis un corps et une âme unis : une âme sans corps n'existe pas sur cette terre. Pas de corps, pas d'âme.

Le corps me positionne dans l'univers. Par sa matière, il me met en relation avec la matière. Il m'insère dans le temps, et même sans doute dans un temps biologique long et mystérieux. Il a son rythme intérieur très important pour la vie spirituelle : rythme des jours et des nuits, rythme des saisons, rythme des âges. Par ses sens, il me met en relation avec le monde et avec les autres. Le bon usage des sens établit la juste distance avec le monde et avec les autres. Par exemple, un beau son bien réglé trouve en moi une correspondance forte et positive. Le corps est ainsi un espace de dialogue et une capacité d'action. Il est toujours éveillé, même (relativement) la nuit. Il est toujours tourné vers l'extérieur, il m'apporte sans cesse des informations. Le corps est un instrument essentiel de dialogue : « Tout ce que je suis réside dans mon corps. Toucher mon corps, c'est me toucher dans tout mon être. Fuir mon corps, c'est s'éloigner de moi sur le plan des émotions. Dans notre société, la poignée de main exprime l'ouverture et la proximité sociale vis-à-vis d'autrui. Lorsqu'un homme refuse de serrer la main à un autre, il lui fait comprendre qu'il y a un obstacle dans leur relation[17]. » Aussi n'est-il pas étonnant que la vie avec Dieu prenne le corps en compte.

Certaines formes de psychologie moderne, reprenant d'ailleurs la Bible, ont bien montré qu'il y a une certaine fonction symbolique du corps. En d'autres termes, chaque partie du corps est comme branchée sur la sensibilité (ce qui est assez évident), mais aussi sur l'intelligence et sur l'âme. Si je pose mes mains sur mon cœur, ce n'est pas un geste neutre. Par là, je signifie que j'ai en moi quelque chose de profond, qui est capable d'être atteint, touché, d'une manière ou d'une autre. La manière dont je respire, le rythme de cette respiration, peuvent atteindre quelque chose de très important pour moi au niveau de mon souffle vital, des bases mêmes de ma vie intime[18].

Le corps a ses besoins propres. Là se situe un problème. En effet, le corps a été atteint par le péché, et ses besoins

---

17. Gary CHAPMAN, *Les langages de l'amour. Les actes qui disent : « Je t'aime »*, Marne-la-Vallée, Éd. Farel, 2002, p. 97.

18. Voir par exemple le beau petit livre de Watchman NEE, *Être assis, marcher, tenir ferme,* Fontenay-sous-Bois, Éd. Telos, 1975.

peuvent éventuellement devenir tyranniques et incontrôlés. Ils réclament à grands cris. C'est ce que voulait signifier saint Paul, agacé, quand il disait : « Qui me délivrera de ce corps de mort ? » (Rm 7, 24). Le besoin alimentaire, le besoin sexuel, etc. conduisent souvent à une perte de contrôle. C'est pourquoi le corps doit être dominé. Il y faut toute la vie. La tradition chrétienne et le bon sens, rejoints par bien des philosophies dans l'histoire, expliquent qu'il ne faut pas systématiquement céder au corps ce qu'il demande. Il est nécessaire de l'éduquer. L'expérience montre aussi qu'on peut y arriver peu à peu.

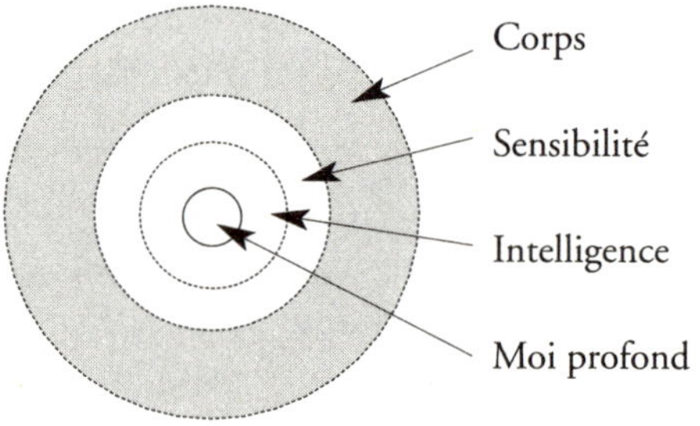

Le corps « envahit » les zones de l'être

Notons encore que le corps a sa mémoire propre. Il se souvient de tout ce qui l'a touché et affecté : maladies, actes de tendresse, actes d'amour, agressions. La psychologie contemporaine insiste sur ce point, qui me semble, à l'expérience, extrêmement important pour la vie spirituelle.

La sensibilité

La sensibilité est la capacité que j'ai à ressentir ce que le corps m'apporte. Par exemple, si j'entends un bruit, je ne vais pas en rester au simple phénomène acoustique. Je vais décoder le bruit. Je vais déclarer qu'il est positif ou négatif, bon pour moi ou menaçant. Il va me faire plaisir, me faire peur, ne rien me faire du tout parce que je n'en prendrai aucune conscience claire. La voix d'un ami non entendue depuis longtemps va me provoquer ainsi une émotion positive, alors qu'un cri agressif dans le métro provoquera un état opposé. Chaque fois que mon corps m'apporte des informations, ma sensibilité les décode à l'aide de sa propre mémoire. La mémoire du ressenti est extrêmement forte et active chez l'être humain. Que je le veuille ou ne le veuille pas, que je le montre ou non, je vis beaucoup au niveau de ma sensibilité.

La sensibilité occupe donc une place très étendue dans la vie humaine. Tout le monde sait qu'elle est différente entre les hommes et les femmes, selon les tempéraments, selon les âges de la vie, selon l'histoire personnelle de chacun. La sensibilité, en soi, est positive et voulue par Dieu. Elle va beaucoup plus loin que le corps. Elle colore de manière très personnelle ce qui, venant de l'extérieur, entre en nous. Elle peut être un canal extraordinaire d'expression de l'amour. Elle ne doit donc pas être jugée de manière négative. Il n'y a pas plus terrible qu'un homme qui s'est exercé à étouffer sa sensibilité, d'abord parce qu'il n'y arrive pas : il l'a simplement enfouie.

La sensibilité est quelque chose de très beau mais, là aussi, il y a un danger. La sensibilité est si personnelle qu'elle devient vite subjective et peut aller, comme le corps, jusqu'à nous tyranniser. Si nous n'y prenons garde, elle va commander notre vision du monde. Nous allons fonctionner sur le registre du : « j'aime » ou « je n'aime pas », en court-circuitant l'étape de la réflexion. La sensibilité peut donner une vision très belle du monde, mais à l'inverse elle peut nous clore entièrement sur nous-mêmes, en nous retournant sur notre égoïsme. Comme le corps, elle doit donc être convertie pour opérer harmonieusement et, là aussi, il faut du temps.

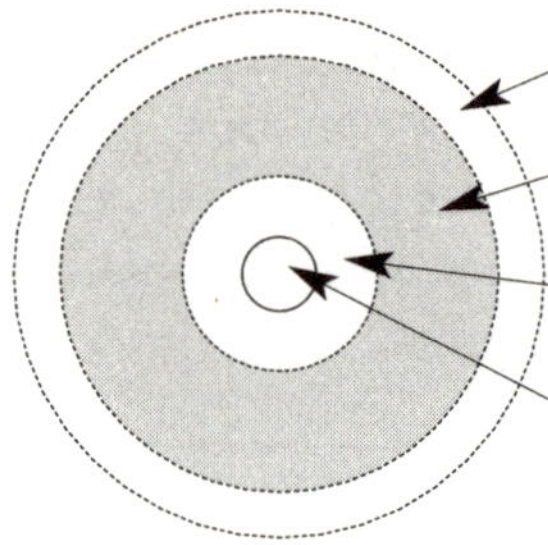

La sensibilité « envahit » les zones de l'être

L'intelligence

Avec l'intelligence, nous entrons dans un monde plus élaboré. Il faut en effet bien du temps et bien des efforts pour « monter » une intelligence. Par intelligence, il ne faut pas entendre uniquement celle qui est reconnue par les diplômes. Comme l'a bien montré entre autres la méthode La Garanderie, tout enfant est intelligent à sa manière. Il y a mille formes d'intelligence et les diplômes n'en reconnaissent que quelques-unes. Je suis obligé de le dire, parce que, dans la société actuelle, on pense souvent le contraire.

L'intelligence n'est donc pas d'abord la capacité à passer des examens, mais la capacité à connaître le réel, à prendre de la distance avec lui, et à réfléchir dessus. Le réel comprend non seulement le monde matériel ou l'organisation sociale, mais il touche au sens de la vie et à la façon de s'y conduire. L'intelligence suppose une certaine distance, elle fait entrer en jeu des éléments de comparaison, c'est-à-dire une culture. Elle puise dans le corps et la sensibilité, mais elle va beaucoup plus loin, grâce à sa capacité à généraliser, à élaborer des concepts et des raisonnements, à concevoir des ensembles explicatifs. La mémoire de l'intelligence joue naturellement, comme, pour le corps et la sensibilité, un rôle essentiel dans le processus de la pensée.

Il n'y a pas de vie spirituelle sans intelligence. Nous devons redevenir des enfants, mais nous ne devons pas être bêtes. Il y a une intelligence de la foi, de la vie avec Dieu, qui est donnée à des gens simples, sous des formes simples, mais qui suppose cependant une attention et une mobilisation de la pensée. C'est pourquoi le Père Clérissac pouvait écrire : « Le christianisme est la religion de l'intelligence. »

Le travail de l'intelligence est très gratifiant s'il est bien fait. Il est plus objectif que la sensibilité. L'intelligence est en effet la capacité à atteindre la vérité, elle est « branchée » naturellement sur le réel. On se sent plus haut, on respire mieux. Mais l'intelligence, elle aussi, appartient à un être blessé, elle est donc capable de se déformer, d'errer. Elle se laisse facilement gagner par l'orgueil et dès lors elle devient déraisonnable. Le mythe du docteur Faust en donne une bonne idée. Nous pouvons ainsi devenir stupides à force de nous croire intelligents par nous-mêmes. Nous nous coupons du réel, nous vivons dès lors dans un monde déconnecté et dangereux. L'histoire de l'humanité contemporaine est pleine d'exemples de ces dangers.

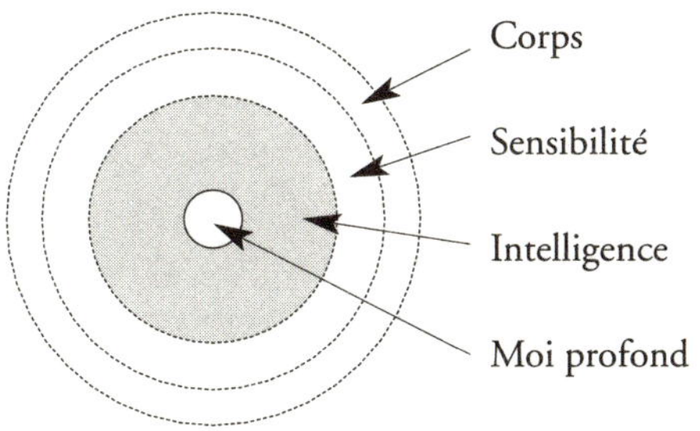

L'intelligence « envahit » les zones de l'être

Aussi l'intelligence doit-elle être purifiée elle aussi. C'est assez délicat parce que, souvent, nous ne concevons même pas que cela soit nécessaire. La soumission de l'intelligence au réel et à Dieu demande du temps, des sacrifices, et une progression dans l'humilité à laquelle il faut consentir.

Le « moi profond »

Au centre de l'homme, se situe une zone extrêmement importante, qu'on peut appeler le « je » ou le « moi profond ». C'est le lieu où je me reconnais pleinement moi-même, le lieu où se trouve ma liberté. C'est là que se prennent les décisions les plus fondamentales, là que Dieu réside. On parlera aussi de l'âme, ou même du « centre de l'âme ».

Nous aurions déjà dû parler de l'âme. De manière générale, on appelle âme le principe de vie d'un être vivant. Elle est la « forme » du corps vivant, c'est-à-dire qu'elle lui donne d'être ce qu'il est : un corps organisé et doué de vie, et non un simple conglomérat d'éléments. De même, l'âme humaine est la « forme » qui donne au corps humain d'être ce qu'il est : un corps d'homme. Mais, comme nous le disions en commençant, l'homme a ceci de propre qu'il fait preuve de capacités qui dépassent les possibilités de la matière, fût-elle organisée. Il y a donc en lui, un principe d'animation de nature spirituelle. Cette âme spirituelle est créée immédiatement par Dieu, et elle est immortelle : elle survivra au corps. Mais, d'ici-là, tout ce que vit le corps affecte l'âme d'une manière ou d'une autre. L'intelligence, tout en étant tributaire des données des sens et conditionnée par le fonctionnement cérébral, est fondamentalement une faculté spirituelle, irréductible à son conditionnement organique. La pensée ne se réduit pas à un « traitement de données », tel qu'un ordinateur peur le réaliser, ni à la sensation et à l'instinct des animaux. L'homme *pense*, c'est-à-dire qu'il est capable de s'intéresser à ce que les choses *sont* en elles-mêmes, il s'interroge sur ce qu'il est lui-même et sur le sens de l'existence ; capable de réflexion et d'abstraction, il manifeste aussi le sens du bien et du mal, du juste et de l'injuste ; il peut se lier par une promesse..., toutes choses dont les animaux sont incapables, et qui témoignent de la réalité en lui d'une âme spirituelle, qui transcende les facultés purement organiques.

Au centre même de l'âme se situe sa capacité à faire des choix libres. En effet, l'âme n'est pas conditionnée par les forces extérieures, même si elle en est influencée. Il reste toujours un lieu intérieur que rien ne détruit, où je puis poser mes choix les plus fondamentaux, et prendre toutes mes responsabilités. On appelle cela la volonté, qui est une faculté « motrice », un dynamisme, une capacité à orienter l'homme vers sa fin, vers son but, comme une boussole va vers le nord, en lui donnant la possibilité de choisir.

En ce centre de l'âme se situe aussi le lieu de la vie avec Dieu. Ici, nous touchons à une matière sur laquelle on a beaucoup écrit, mais qui demeure très mystérieuse. Donnons cependant quelques éléments qui paraissent incontournables.

D'abord, si l'âme est faite pour accueillir Dieu, sa capacité est immense. La grandeur de l'âme est sans doute infiniment plus considérable que ce que nous pouvons savoir du monde de la matière. La vie spirituelle se déroule ainsi dans des horizons grandioses que nous n'explorons qu'en partie. Sainte Thérèse d'Avila, au début du *Château intérieur,* ou *Livre des demeures,* explique magnifiquement la beauté et la grandeur de l'âme humaine : « Aujourd'hui [...] s'offrit à moi ce qui sera, dès le début, la base de cet écrit : considérer notre âme comme un château fait tout entier d'un seul diamant ou d'un très clair cristal, où il y a beaucoup de chambres. » Puis, insistant sur le fait que l'âme est une sorte de paradis, puisque Dieu veut y habiter, elle ajoute : « Je ne vois rien qu'on puisse comparer à la grande beauté d'une âme et à sa vaste capacité[19]. » Parler de l'âme, c'est donc toucher à un mystère et accepter ce mystère.

Cependant, nous ne sommes pas complètement ignorants de ce qui se passe dans l'âme. L'action de Dieu en nous est comme accueillie par une « sensibilité » de l'âme. Les Pères de l'Église parlaient des sens spirituels. Ils disaient que, de même que le corps a cinq sens, de même l'âme possède des sens spirituels lui permettant d'entendre, de sentir, de toucher, de voir et de goûter Dieu. Au fur et à mesure que se déroule la vie spirituelle, les sens spirituels se mettent en mouvement. Ils se dévoilent sous l'action de la grâce. C'est une immense surprise de les voir devenir actifs l'un après l'autre. Peu à peu se crée une « conscience spirituelle ». De même que je puis avoir conscience de mes actes et de mes pensées, de même je puis devenir conscient de l'action de la grâce de Dieu en moi, même si cette conscience demeure extrêmement limitée. L'âme se découvre ainsi peu à peu à elle-même sous l'action de l'Esprit Saint.

L'âme découvre alors une autre chose en elle : ce sont les facultés qui lui sont liées. Nous en parlions plus haut. La volonté, l'intelligence, sont des facultés liées à l'âme, et Dieu agit en elles. Il existe enfin comme une mémoire de l'âme,

---

19. Sainte THÉRÈSE D'AVILA, *Le Château intérieur,* dans *Œuvres complètes,* Paris, DDB, 1964, p. 871.

qui enregistre tout ce que Dieu a fait en elle. Dieu agit dans les facultés, il les occupe, les purifie, les modifie.

Au fur et à mesure que se déroule l'action de l'Esprit Saint dans l'âme, celle-ci devient de plus en plus le centre de la vie de la personne. L'expression française « une âme » pour dire « quelqu'un » montre bien cette estime accordée à l'âme comme centre vivant de l'homme. Mais l'âme ne quitte nullement le corps, elle ne détruit pas la sensibilité, ou l'intelligence. Elle les maîtrise, elle les anime d'une vie nouvelle, qui est la vie même de l'Esprit Saint.

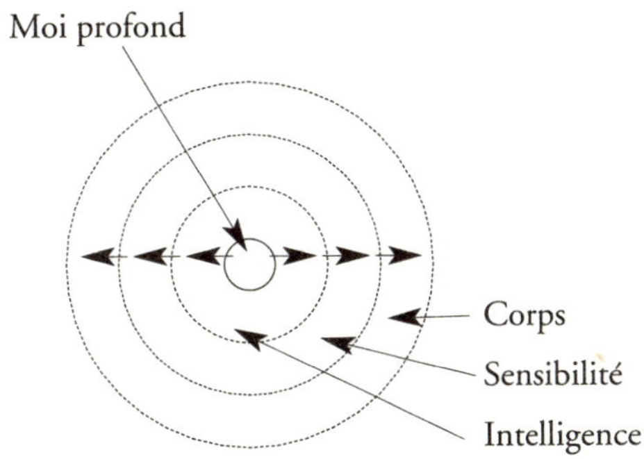

La purification des différentes zones à partir du « moi profond »

Nous disions que l'âme est un monde, et nous disions aussi qu'elle a un centre. La vie spirituelle, de plus en plus, est comme commandée à partir de ce centre qui est un lieu d'unité, un lieu extrêmement paisible, comme un lac d'eau calme, et aussi un lieu extrêmement simple. Descendre dans le centre de son être pour y rencontrer Dieu et vivre avec lui, c'est tout le programme de la vie spirituelle. Tout itinéraire spirituel se termine là.

*

Quand on a un peu d'expérience de l'être humain, on s'aperçoit que celui-ci est admirablement fait pour entrer en relation avec Dieu, vivre avec lui, devenir son enfant, et cheminer ainsi dans la voie de l'amour et de la paix. L'homme est bien un être capable de Dieu, au sens d'une capacité à l'accueillir.

Le problème est qu'il ne le sait pas et, quand il le sait, il préfère souvent rester en marge. Il pense que cela lui coûterait trop cher d'aller vers Dieu. Il n'accepte pas d'entrer dans ce programme de renoncement à ses limites pour aller vers des horizons plus élevés. Si nous savions ce que nous perdons en demeurant à ras de terre ! Or la vie avec Dieu, la vraie vie, est toute ouverte devant nous. Nous allons en voir maintenant les étapes.

II

LES ÉTAPES DE L'ITINÉRAIRE SPIRITUEL

La vie spirituelle est la vie sous la conduite de l'Esprit Saint. Son influence y est plus importante que l'action de l'homme. Elle est dès lors imprévisible. Il est vain de dire à l'avance que l'on passera par tel ou tel chemin. L'inattendu est un des facteurs décisifs de la vie avec Dieu. Aussi, dans celle-ci, faut-il être extrêmement souple.

Pourtant, depuis longtemps, on s'est aperçu qu'il y avait tout de même des points de passage obligés, et certains traits communs à la plupart des expériences. On a ainsi tenté de décrire des sortes d'étapes. Saint Jean Climaque, par exemple, ne donnait pas moins de trente-trois degrés à son Échelle mystique *qui emmenait vers la contemplation de Dieu. Mais cela est peut-être un peu compliqué. On a donc synthétisé peu à peu l'itinéraire spirituel autour de trois grandes étapes : celle des commençants, celle de ceux qui progressent, celle de ceux qui vivent une vie achevée d'union avec Dieu. À l'intérieur de ces trois zones, on a pu préciser en partie certains degrés. C'est Thérèse d'Avila, à mon avis, qui, dans son* Château intérieur, *en a le mieux parlé. Elle n'a pas tout dit, elle n'a décrit que certains types d'expériences mais, cependant, l'essentiel de son cadre est valable, à condition de bien choisir les mots pour le traduire en langage d'aujourd'hui. Par exemple, pour en revenir aux trois grandes étapes, nous n'utiliserons pas les vocables anciens de « vie purgative », et de « vie illuminative », en raison de l'incompréhension et des connotations négatives que cela pourrait entraîner*[1].

1. Entre le vocabulaire de saint Augustin (« commençants », etc.) et celui du Pseudo-Denys (« vie purgative », etc.), je retiens celui d'Augustin qui est plus compréhensible.

3

Les commencements de la vie spirituelle

En commençant ces chapitres, je voudrais redire encore qu'il ne faut pas lire ce qui suit avec un esprit trop rigide. Il y a une immense souplesse dans la manière d'agir de Dieu : « La distinction entre les trois voies [les trois étapes] ne doit pas être durcie abusivement. D'une part, tous les auteurs sont bien d'accord sur ce point qu'il n'y a pas de sommet si élevé de la vie spirituelle ici-bas qu'on ne puisse en déchoir. Inversement, Dieu peut sans nul doute, dans certains cas plus ou moins exceptionnels, élever une âme, sans transition bien apparente, du péché à une sainteté très élevée. » Mais surtout, il y a comme un entrecroisement des différentes étapes : « La distinction dont il s'agit est plutôt celle d'aspects prédominants de la vie spirituelle à l'une ou l'autre de ses phases que de formes rigoureusement successives [1]. »

Je recommande aussi de se garder de juger soi-même ou les autres. La vie avec Dieu demeure extrêmement mystérieuse, l'être humain réserve beaucoup de surprises, bonnes

---

1. Louis Bouyer, *Introduction à la vie spirituelle,* Paris-Tournai, Desclée et Cie, 1960, p. 245.

ou mauvaises. Nos jugements sont très courts. Qui sait ce qu'il y a dans les âmes ? La modestie et la pureté du cœur sont ici réellement indispensables si l'on veut recevoir ce que Dieu a préparé pour nous.[2]

Les Premières Demeures : devant la porte de la vie spirituelle

Dans son livre *Le Château intérieur* ou *Les Demeures*, sainte Thérèse d'Avila compare l'âme à un magnifique château, qui est la maison du Roi des rois. Nous sommes invités à le parcourir peu à peu. Il est évident que, plus nous entrons dans les pièces intérieures du palais, plus nous nous approchons du maître de céans. Je vais reprendre en gros son schéma car, comme je le disais plus haut, en dépit des divers essais de description des itinéraires spirituels, je n'ai personnellement jamais trouvé l'équivalent ailleurs.

Le danger de la vie de péché

Les Premières Demeures concernent ceux qui n'ont pas encore vraiment commencé leur vie spirituelle, n'ayant pas fait le choix conscient de l'ascension vers Dieu. Autant dire que nous nous trouvons ici devant un ensemble extrêmement varié, qui concerne beaucoup de monde. Il y a d'abord des personnes qui sont loin de toute vie spirituelle parce qu'elles sont bloquées dans un refus de Dieu lié au péché.

Au début du *Château intérieur,* sainte Thérèse d'Avila parle des âmes qui se trouvent comme en périphérie du château, sur le chemin de ronde. Elles ne prient pas Dieu d'une

2. Dom Guy-Marie OURY, *Dictionnaire de la prière,* Chambray-lès-Tours, C.L.D., 1990.

manière personnelle, elles sont pleines de péchés. Elles sont « absorbées par le monde, plongées dans leurs plaisirs, grisées d'honneurs et de prétentions[3] ». Elle dit aussi qu'elles sont « paralysées » ou « percluses », vivant comme au milieu de la vermine.

Cette description est probablement applicable à beaucoup de monde. En fait, souvent, on vit pour soi. Consciemment ou non, on a fait le choix, ou de ne pas croire en Dieu, ou de vivre comme s'il n'existait pas, ou de lui consacrer une place secondaire dans sa vie. Dès lors, le centre du monde, c'est moi ! On ne l'exprimerait sans doute pas aussi crûment, mais on vit pourtant de cette manière-là. Je vois les autres comme en dépendance de moi, et je les satellise. Dieu est lointain, et son action sur moi ne dépasse pas, au mieux, le stade d'une vague protection. Je n'ai pas de projet de vie en-dehors de mon intérêt personnel[4].

Un jour, j'interrogeais un des plus grands libraires de France sur la structure des ventes dans son immense magasin. Il me disait quels étaient les types de livres les plus vendus. À la fin de la conversation, je lui demandais : « Pourriez-vous synthétiser en un mot ce que les gens cherchent actuellement à travers ces achats de livres ? » Il me répondit tout net : « Oui, absolument ! Ils se cherchent eux-mêmes. Le monde de la plupart des gens est comme un cercle dont ils sont le centre. La production des livres et la publicité qui les accompagne vont dans ce sens. La société est si individualiste que chacun se constitue le milieu du monde et

3. Sainte THÉRÈSE D'AVILA, *op. cit.*, p. 881.

4. Et, par conséquent je n'ai pas de goût pour Dieu. Il n'est pas présent dans mon dynamisme intérieur. Le « bien divin », tout ce qui touche à Dieu, engendre en moi comme une sorte de tristesse permanente : Jean-Charles NAULT, *La saveur de Dieu,* Rome, Lateran University Press, 2002.

pense l'univers à partir de cela. » Les notions de don, de générosité, de renoncement, de sacrifice, d'effort, de progrès vers Dieu et les autres, de pardon, sont comme effacées ou complètement relativisées. Si vous ne me croyez pas, demandez-vous si l'enseignement officiel donné aux enfants va dans ce sens.

La recherche de soi peut vite prendre des formes déviantes. En effet, dans la réalité, nous ne sommes pas très intéressants. Étant fait pour Dieu, ma capacité intérieure est très grande, et mon moi ne la comble jamais longtemps. Je m'ennuie vite avec moi-même. Dès lors, je vais chercher de quoi remplir ma vie par la reconnaissance sociale, l'argent, le sexe, la fuite dans l'alcool ou la drogue, etc. Peu à peu, je puis m'installer dans une sorte de gauchissement de moi-même, de déviation de plus en plus appuyée. Je puis passer de petits péchés à des péchés plus habituels et, enfin, à des fautes graves et permanentes : « Prenons garde aux choses alors même qu'elles sont encore légères, pour qu'elles ne deviennent pas graves, dit Dorothée de Gaza. Sinon on court le danger de tomber degré par degré jusqu'à une totale insensibilité spirituelle. » En effet, dans le péché grave, je ne reçois plus du tout la lumière. Cette attitude de déviance profonde est nommée dans la tradition catholique le « péché mortel ». « Seigneur, nous voici devant toi avec notre péché, dit le livre d'Esdras ! Oui, il est impossible à cause de cela de subsister en ta présence ! » (Esd 9, 15).

Cela est d'autant plus grave que tout homme est blessé quelque part, d'une manière ou d'une autre. Or, si je ne vais pas vers Dieu et vers les autres, non seulement je ne puis guérir de mes blessures, mais je finis par fonctionner à partir d'elles. J'en ajoute sans cesse, non seulement pour moi, mais aussi pour les autres. Je deviens dangereux. On voit très bien cela dans le domaine de la violence ou des déviations sexuelles : je refais ce qui m'a atteint. À la fin, enfermé dans un cercle infernal, je puis être comme abruti dans le mal et le malheur, en une « structure de péché » individuelle, ou même collective.

Dans cet état, on n'a pas assez de lumière pour voir la vérité, on n'a pas assez de discernement pour distinguer le bien du mal. L'esprit de confusion règne en maître, les esprits mauvais s'en donnent à cœur joie. Ils tiennent dans leurs liens ceux qui restent dans cette situation.

La vie de tiédeur

Heureusement, tout le monde n'est pas dans cet état. Mais il y a beaucoup de personnes qui, sans être complètement coupées de Dieu, n'ont pas fait le choix d'avancer vraiment vers lui. Elles vivent dans une sorte de compromis, dans une attitude qui n'est ni froide ni chaude. Elles sont partagées entre les valeurs du « monde », selon le mot de saint Jean, et l'appel de Dieu. Les valeurs du monde, c'est tout ce que propose la société : argent, réussite, plaisirs…, qui ne vont pas dans le sens du don total de soi-même à Dieu.

Or, normalement, on entre déjà dans la vie spirituelle par le baptême. Celui-ci donne la foi à l'enfant qui le reçoit. Par la suite, on devrait développer cette grâce par l'éducation chrétienne, la prière et les sacrements. Et, dès que l'on a passé le stade de la première enfance, il faut déjà faire des choix personnels. Un jour, plus ou moins tôt, se pose même la question d'un choix fondamental : sur quoi vais-je bâtir ma vie ? À ce choix fondateur, personne n'échappe : « Jésus-Christ place tout individu devant un choix », dit Hans Urs Von Balthasar : « acceptation ou refus, foi ou reniement, souci de la gloire de Dieu ou souci de sa propre gloire. »

Ainsi, en se basant sur ce qu'on a reçu enfant, on peut décider de considérer Dieu comme l'être essentiel et premier de sa vie, et décider de marcher vers lui. Beaucoup d'âmes se mettent en route de cette manière-là. La vie chrétienne est pour elles comme en continuité avec leur baptême et leur première éducation. Si celle-ci leur a donné le sens de l'effort, du don, de la générosité, si elles ne sont pas trop prises par les sens, elles sont dociles aux appels de Dieu, elles avancent doucement et, un jour, elles basculent dans le sens de Dieu. Mais tout le monde ne fait pas, hélas, ce choix, soit parce qu'on préfère rester dans la médiocrité, soit parce qu'on ignore complètement ce qu'est la vie chrétienne.

Il existe en effet des chrétiens dont la vie spirituelle demeure médiocre. Ils prient un tout petit peu ou presque pas. « Je n'ai pas tué, je n'ai pas volé », disent-ils. Ils se contentent d'une action qui reste à ras de terre. Ils ne comprennent pas ceux qui veulent aller plus loin et les critiquent. Il y a des vies où Dieu n'est pas absent, mais qui sont lourdes, sans grands horizons, sans les grandes joies de la relation avec Dieu. On croit en Dieu, mais on se traîne parce qu'on n'a pas compris que Dieu, dès ici-bas, maintenant, tout de suite, est présent et vivant dans ma vie. On reste à distance. On s'autocensure en permanence : « Inutile de bouger puisque cela ne sert à rien. » Cette tiédeur est terrible, parce qu'elle blesse profondément le Cœur de Dieu et empêche tout épanouissement spirituel.

Si l'on n'a pas été baptisé enfant ou si l'on n'a pas reçu d'éducation chrétienne, la question demeure la même : il faut choisir Dieu. Cependant, cela est plus difficile, et la route de la vie spirituelle apparaît moins aisément. On a moins de distance avec le « monde », on est spontanément référé à son système de valeurs. On ne sait pas que la lumière est devant soi, on ne l'aperçoit pas. À l'heure actuelle, on voit beaucoup de conversions. Ceux qui rencontrent Dieu disent souvent : « On ne nous avait jamais parlé de lui », ou « On ne nous avait jamais dit qui il était vraiment. » D'où l'importance de l'évangélisation, qui ne consiste pas à convaincre, mais à proposer la lumière à ceux qui, peut-être, voudront bien la recevoir.

Zones de l'être et Premières Demeures

Dans cette première partie de la vie spirituelle, il y a toujours plus ou moins déséquilibre entre les diverses zones de notre personnalité. Souvent, la zone corporelle est démesurément grossie. Le corps veut tout dominer, tout doit dépendre de lui, en particulier sous la forme d'une activité sexuelle excessive. On n'aura pas de mal à le reconnaître. Mais à d'autres périodes de la vie ou pour d'autres personnes, c'est la sensibilité qui est dominante. Tout doit lui être rapporté. L'un des problèmes de la sensibilité est qu'elle puise rapidement dans le monde virtuel ; elle peut isoler de la réalité et mener à l'illusion. Par exemple, un mariage qui se conclut uniquement sur ces bases est menacé de turbulences.

Il arrive aussi que la zone intellectuelle devienne la maîtresse. Cela est plus subtil, mais sans doute plus fréquent qu'on ne le croit. Le monde entier est rapporté alors à ce que j'en connais. Il est mesuré à mes compétences, elles-mêmes sur-appréciées et absolutisées par moi.

Derrière tout cela se cachent des manques profonds, des désirs de reconnaissance, d'amour, des réactions à des blessures. Le problème est augmenté par le fait que, quand une zone est majorée, elle ne communique plus bien avec les autres et ne leur donne pas les informations dont elles ont besoin. Elles perdent alors une partie de leurs capacités. Surtout, le « moi profond » n'est pas engagé. Je tourne autour de moi sans jamais devenir moi-même, puisque c'est par le contact avec Dieu qu'en réalité je me trouve et me réalise.

Aussi, quand quelque chose du « moi » ou « je » profond se met en mouvement, ce sont peu à peu toutes les zones de l'être qui vont être atteintes et remises à leur vraie place.

Se mettre en marche vers Dieu

Dieu est-il absent ? Non. Même dans cette partie de la vie, il est beaucoup plus agissant qu'on ne le croit. D'abord, il protège la personne et lui évite souvent le pire. Bien des récits de conversions pourraient en témoigner. Ensuite, il suscite mystérieusement des âmes pour prier pour les pécheurs et offrir pour eux. Il y en a sans doute beaucoup. Enfin, il envoie parfois des rayons de lumière, il tire parti de tout ce qu'il peut y avoir de bon, de tous les points d'accrochage qui peuvent exister.

Un jour, on finit par prendre conscience de son état, et on désire en sortir. Ce peut être sous la forme d'une illumination brusque : Dieu tombe dessus. L'histoire de l'Église, même récente, est pleine de ces conversions subites. Saint Paul en est toujours demeuré le meilleur exemple. Parfois, le chemin de la conversion est plus lent, il comporte bien des degrés, comme dans la vie de saint Augustin. Mais le plus important, c'est qu'on a compris un jour qu'il y a une lumière possible, une issue vers le haut. On sait que Dieu est là et qu'il nous attend. Alors, plus ou moins vite, plus ou moins pesamment, on se met en marche.

Pour avancer, la chose la plus importante est le désir. Thérèse d'Avila s'écriait : « Je veux voir Dieu. » À ce stade de la vie spirituelle, on ne formulerait peut-être pas cette phrase avec autant de netteté, mais on a du moins la volonté d'avancer, d'aller vers la lumière, de bouger. On commence à parler à Dieu, c'est-à-dire à prier. On se doute que Dieu écoute. On commence même peu à peu à en avoir la preuve. Une possibilité de communication apparaît. On commence aussi à s'apercevoir que sa vie n'est pas en ordre : on identifie certains obstacles majeurs. On a le désir de les écarter, on entreprend de le faire. On se met en marche. Si l'on reste sur le même chemin, tous les espoirs sont permis.

UNE PRIÈRE POUR S'ENCOURAGER
« Même dans l'abîme, je t'ai passionnément aimé »

> Ô Vérité ! Lumière de mon cœur ! Je me suis laissé dévaler vers mes ténèbres et ma vue s'est obscurcie. Mais au fond même de cet abîme, oui de ce fond même, je t'ai passionnément aimée. Jusque dans mon égarement, je me suis souvenu de toi. J'ai entendu ta voix qui, derrière moi, me criait de revenir, mais je t'ai mal entendue à cause du tumulte de mes passions inapaisées. Et maintenant, voici que tout en nage, hors d'haleine, je reviens à tes eaux vives. Que personne ne m'en écarte ! J'y boirai et ainsi je vivrai.

Saint Augustin (354-430).

Les Deuxièmes Demeures : le début du chemin

Quelques généralités

Les Deuxièmes Demeures sont déjà un peu plus avant dans le château, même si on reste encore dans les pièces périphériques. On y trouve ceux qui veulent avancer vers Dieu et en prennent les moyens. Ils commencent à vivre en présence de Dieu, ils ont un contact régulier avec lui par la prière et les sacrements. C'est comme s'il y avait un canal ou un fil établi entre la terre et le ciel, où la grâce commence à circuler d'une manière à peu près régulière. Mais on n'est pas encore établi complètement dans la vie avec Dieu, on reste fragile. Il y a un déchirement entre ce qui attire vers le haut et l'ancienne vie qui tire vers le bas. On voudrait bien Dieu, mais on n'a pas encore consenti à faire tous les sacrifices nécessaires pour cela. Le plaisir, la satisfaction de soi, les valeurs du monde, parlent encore haut, parfois plus fort que la voix de Dieu. On est comme ballotté d'un côté et de l'autre. Mais enfin, Dieu est présent, on sait son importance, on ne voudrait pas le quitter, cependant on reste faible.

Sainte Thérèse d'Avila décrit ainsi les personnes engagées dans les Deuxièmes Demeures : « Il s'agit de ceux qui ont déjà commencé à faire oraison et compris l'importance, pour eux, de ne pas en rester aux Premières Demeures ; mais souvent ils ne sont pas encore déterminés à ne pas y rester, ils ne s'éloignent pas encore des occasions, ce qui est fort dangereux. Dieu leur fait une bien grande miséricorde lorsqu'ils cherchent par instants à fuir les couleuvres et choses venimeuses, et comprennent qu'il est bon de les fuir. Ceux-là, pour une part, peinent beaucoup plus que les premiers, mais ils sont beaucoup moins exposés ; ils semblent connaître le danger, et il y a grand espoir de les voir pénétrer plus avant[5]. »

On peine parce que l'on est déchiré. Le choix radical n'a pas encore été fait complètement. Mais on sait en même temps d'où l'on sort, on ne voudrait pas y retourner. Il y a donc un combat entre soi et soi. Cela est assez déconcertant

---

5. Sainte THÉRÈSE D'AVILA, *op. cit.*, p. 885.

car, quand on vivait loin de Dieu, on ne se posait pas de questions. On se trouvait ainsi comme dans une certaine stabilité relative dans le mal. Or voici que Dieu entre dans la vie et, loin de nous mettre en repos, cette venue de Dieu nous tend et nous bouscule. Le diable sait d'ailleurs très bien que nous sommes fragiles, et il en profite. Il suscite fortement des tentations intérieures, il nous représente nos anciens plaisirs et nous suggère d'y retourner. Il utilise aussi nos amis et relations qui ne comprennent pas notre évolution et ne collaborent pas à notre avancée spirituelle.

Un autre élément déconcertant est le suivant : on a cherché le plaisir dans une partie de sa vie. Ainsi cela est donc devenu comme une structure intérieure, un pli de la psychologie. On tend inconsciemment vers la satisfaction permanente de son moi. Et voici que l'on commence à connaître Dieu. Or on entend dire par des chrétiens et des convertis que cette vie avec Dieu est merveilleuse, qu'on y rencontre de grandes joies. Mais justement, dans cette seconde phase, on ne les trouve pas ! Tout l'être tend comme vers un nouveau style de plaisir, et on a l'impression de tomber dans le vide ! On se dit que cela est insupportable. On peut alors se décourager en se disant que, ou bien toute cette vie de bonheur avec Dieu est fausse, ou bien ce n'est pas pour soi[6]. Il est très impressionnant de voir ainsi des personnes qui ont commencé sur la voie de la vie spirituelle, qui commencent à prier, qui reçoivent des sollicitations visibles de Dieu et même des charismes, mais qui comparent la vie avec Dieu et la vie selon le monde et finalement choisissent la seconde. On les voit s'enfoncer dans une sorte

6. « Nous sommes encore en proie à mille difficultés et imperfections, les vertus ne savent pas encore marcher, à peine commencent-elles à naître, et plaise même à Dieu qu'elles aient commencé, et nous n'avons pas honte de vouloir des douceurs dans l'oraison et de nous plaindre de nos sécheresses ! » (Sainte THÉRÈSE D'AVILA, *op. cit.*, p. 888.)

d'obscurité qui leur laisse un goût de tristesse et d'inaccompli. Un beau jour, on se retrouve « déconverti » et en réalité dans un grand vide[7].

Heureusement, Dieu est là. Le Seigneur « apprécie tellement que nous l'aimions et recherchions sa compagnie qu'il ne manque pas, un jour ou l'autre, de nous appeler, pour nous inviter à nous approcher de lui[8]. » En d'autres termes, la grâce ne manque pas, nous ne sommes pas abandonnés à nos interrogations et à nos limites. Dieu envoie également les amis et les soutiens nécessaires. Si nous le voulons, notre monde relationnel peut changer progressivement. Le Seigneur, en effet, nous doit cette aide. Il ne peut pas nous laisser nous battre seuls face à nous-mêmes, face à la société et face au démon. Il met sa puissance dans la balance. Souvent, dans cette période, nous ne voyons pas bien ce qu'il fait ni où il est. On manque encore de finesse pour le reconnaître. Mais il est cependant là, bien présent, et il envoie les forces et les encouragements nécessaires. Il amortit et limite en particulier l'action du diable : « Dieu est fidèle : il ne permettra pas que vous soyez tenté au-delà de vos forces ; mais avec la tentation, il vous donnera le moyen d'en sortir et la force de le supporter » (1 Co 10, 13). Notre volonté demeure toujours libre. Si elle continue à faire le choix de Dieu, nous avançons peu à peu. Nous ne passerons pas toute notre vie dans ces Deuxièmes Demeures si nous avons le courage d'aller plus loin.

Construire son monde intérieur

On peut se poser la question de savoir pourquoi Dieu nous fait passer dans ces Deuxièmes Demeures, pourquoi il ne va pas plus vite et plus loin. La raison en est la nécessité

7. Pour prendre un exemple extrême, c'est toute l'histoire de Judas.
8. Sainte THÉRÈSE D'AVILA, *op. cit.*, p. 886.

de bâtir notre maison intérieure sur le roc. La vie avec Dieu est très forte et puissante, elle transforme la personne en profondeur. Si nous ne la bâtissons pas sur un monde intérieur solide, elle ne tient pas, et nous tombons de haut. Il arrive que des personnes reçoivent de grandes grâces spirituelles et des charismes, même décelables en public, et régressent brusquement et complètement. J'en ai vu.

Il faut donc accepter d'être modestes, humbles, et de prendre du temps. En général, il faut bien quelques années pour poser ou reposer les bases élémentaires de la vie avec Dieu. Comment cela se fait-il ?

Tout simplement comme dans le sport : par des exercices. Dieu nous montre progressivement les points à travailler. Nous en prenons un, et nous nous y appliquons. Puis nous passons au suivant, et ainsi de suite. Notre psychologie prend peu à peu de bons plis. Les mauvais plis s'atténuent et disparaissent en partie. Plus le temps va, plus nous prenons d'aisance, plus nous sommes forts et libres, plus la lutte est facile, au moins dans certains domaines. La métaphore du sport était déjà présente chez saint Paul, et elle est en effet très parlante.

> Ne savez-vous pas que, dans les courses du stade, tous courent ; mais un seul obtient le prix ? Courez donc de manière à le remporter. Tout athlète se prive de tout ; mais eux, c'est pour obtenir une couronne périssable, nous une impérissable. Et c'est bien ainsi que je cours, moi, non à l'aventure ; c'est ainsi que je fais du pugilat[9], sans frapper dans le vide. Je meurtris mon corps au contraire et le traîne en esclavage, de peur qu'après avoir servi de héraut[10] pour les autres, je ne sois moi-même disqualifié.
>
> 1 Co 9, 24-27.

9. La boxe grecque.
10. Le héraut annonce quelque chose : ici, la conversion.

Le premier point à travailler est le contact avec Dieu. Il s'établit par cette conversation avec lui que l'on nomme la prière. Il faut donc prier fidèlement et régulièrement chaque jour, prier avec l'Église en participant à la liturgie et en recevant les sacrements[11], prier avec d'autres chrétiens à l'occasion, dans des groupe de prière ou un mouvement d'Église. Parfois, on se lasse, on a l'impression que Dieu est comme muet. Il faut persévérer. Dans ces moments d'aridité, où l'on ne sent rien, la volonté est obligée de faire des choix : « Je veux continuer à prier, je veux te rechoisir. » À travers ces choix, elle se renforce d'une manière impressionnante. Elle devient de plus en plus forte et sûre d'elle-même, elle mûrit.

Le second point à travailler est toute notre structure intérieure. En bref, il faut remplacer les mauvaises habitudes par de bonnes. Dans la tradition classique, on appelle cela des « vertus », qui sont comme des plis de l'être. On distingue traditionnellement les vertus nécessaires à notre vie d'enfant de Dieu, dites « théologales » : la foi, l'espérance et la charité, et les vertus dites « cardinales », ou fondamentales pour la conduite de notre vie : la prudence, la justice, la force et la tempérance[12].

Les vertus théologales ne sont pas d'abord le fruit de notre effort : elles sont données par Dieu. Mais elles se construisent avec notre accord et notre détermination. Par exemple, la charité, la vertu de l'amour, n'est pas seulement un agréable sentiment que nous éprouvons ou pas. Elle passe

11. Soulignons ici l'importance du sacrement de la réconciliation qui permet à la grâce de Dieu de se déployer en nous. La fréquence de la confession facilite la vie spirituelle dans des proportions étonnantes.

12. Le commentaire le plus célèbre des vertus est toujours demeuré celui de saint THOMAS D'AQUIN dans la *Somme théologique,* II^{a}-II^{ae} (c'est-à-dire 2e partie de la 2e partie). Pour les vertus cardinales, voir : Pascal IDE, *Construire sa personnalité,* Paris, Le Sarment-Fayard, 1991.

par un choix continu : celui d'aimer Dieu d'abord, puis les autres et au besoin de leur pardonner, même si eux ne nous aiment pas. Si nous décidons d'aimer, notre monde intérieur s'élargit de plus en plus, nous avons l'impression que la capacité de notre cœur est comme augmentée. La foi, elle aussi augmente quand je l'exerce, c'est-à-dire quand je prie, quand je surmonte les périodes de doute. Il en est de même de l'espérance. C'est une vertu qui est susceptible d'un accroissement extraordinaire si nous mettons cette espérance dans la puissance de Dieu et non dans la capacité des hommes.

La prudence n'est certes pas la lâcheté ou l'hésitation, c'est la vertu du gouvernement : que dois-je faire, que suis-je capable d'entreprendre ? Elle est liée à l'intelligence et à l'expérience de la vie, mais Dieu la perfectionne par sa grâce, si on prie pour la développer. On n'a pas toujours des inspirations directes du Ciel, mais Dieu agit à travers l'intelligence, comme du dedans. La justice n'est pas liée nécessairement aux procès : c'est l'art de donner à chacun ce qui lui est dû. Elle décentre de soi : je ne prends pas ce dont j'ai envie, mais je considère d'abord les besoins des autres (et les miens) de manière objective. La force est une vertu absolument indispensable, car c'est d'elle que dépend la fidélité et la continuité de l'action. La fidélité, l'humble fidélité, est la base même de toute vie spirituelle. Quant à la tempérance, c'est la vertu de l'équilibre. Elle évite tout excès et toute excitation. Cela vient vite si l'on n'y prend garde. Elle met aussi en garde contre la tentation de se croire saint trop vite. On peut avoir des moments de ferveur, et cela est même très bon, mais il ne faut pas en tirer la conclusion qu'on est arrivé au port. Il y a encore de la route.

Les grandes vertus sont accompagnées de quantité de vertus importantes, qui nous mettent en contact avec les autres, avec Dieu et avec nous-mêmes. On en a fait des listes, mais chacun pourrait établir la sienne. On y retrouverait les attitudes fondamentales d'une vie humaine et chrétienne. Par exemple le respect et la politesse, l'attention, la générosité, le sens de la joie, de la paix, de la miséricorde, de la franchise entre proches, le sens du service, la piété envers Dieu, la reconnaissance, le courage, la pureté, etc. Chacun est attiré plutôt par telle ou telle mais, quand on fait des efforts sur l'une d'entre elles, c'est tout l'ensemble qui avance peu à peu. C'est toute une éducation qui prend forcément du temps.

Le combat spirituel

On doit donc admettre que les Deuxièmes Demeures sont un lieu de fondation, et aussi de combat. Il faut le savoir et ne pas en avoir peur. C'est davantage le combat de Dieu que celui des hommes ; Dieu est plus engagé que nous-mêmes à la réussite de l'entreprise. Il ne faut pas avoir peur de l'effort ni craindre les blessures. La miséricorde de Dieu est toujours là pour guérir. Les échecs relatifs ne doivent pas inquiéter. Si l'on se relève et ne se décourage pas, on va toujours plus loin, même si on tombe quelquefois.

Dans le combat spirituel, on apprend peu à peu à contrôler son monde intérieur. On se pose les questions suivantes : « Qu'est-ce que je laisse entrer en moi, en particulier comme images, comme idées, comme suggestions ? Quelles sont les idées que j'entretiens, auxquelles je reviens sans cesse, les images que je me représente continuellement ? Sont-elles bonnes pour moi ? » On arrive peu à peu à la maîtrise de soi-même. Les diverses zones de l'être commencent à prendre leur place, à se développer harmonieusement les unes par rapport aux autres. Leur mémoire commence à se purifier. Je commence à me maîtriser, à savoir où je vais, à comprendre comment je puis y aller, et à prendre les moyens pour cela. C'est une partie de la vie où l'action est très présente, où j'ai le sentiment de beaucoup faire moi-même. Il ne faut pas devenir volontariste, car on ne dépasserait jamais ces Deuxièmes Demeures, mais il est vrai que l'activité humaine est, apparemment au moins, en première ligne.

Le combat intérieur

> Le combattant spirituel doit, à tout instant, posséder quatre choses : l'humilité, une attention extrême, la contradiction[13] et la prière. L'humilité parce que ce combat nous oppose aux démons, ennemis de l'humilité, de manière à tenir à la portée du cœur le Seigneur qui hait les orgueilleux. L'attention pour interdire à son cœur de renfermer aucune pensée[14], quelles qu'en soient les bonnes apparences. La contradiction pour que voyant parfaitement le nouveau venu[15], on puisse lui répliquer sur le champ avec colère. La prière aussitôt après la contradiction pour crier du fond du cœur vers le Christ avec un inexprimable gémissement. Alors le combattant verra l'ennemi se dissiper au nom saint et adorable de Jésus comme la poussière au vent et disparaître comme la fumée avec ses imaginations.
>
> L'enfant sans malice se laisse séduire par le charlatan et dans sa simplicité, il le suit. Ainsi notre âme simple et bonne, son bon Maître la créa telle, prend plaisir aux suggestions du démon, elle se laisse séduire et court au

---

13. Au sens de : contredire, combattre le démon, ne pas se laisser faire par lui. On pourrait parler aussi de l'esprit de réplique, ou d'esprit de défense.

14. Aucune pensée mauvaise.

15. Le diable.

> méchant comme s'il était bon. Elle mêle aussi ses propres pensées à l'imagination proposée par le démon. Est-ce le visage d'une belle femme ou telle chose absolument défendue par les commandements du Christ, elle cherche alors le moyen de traduire en actes l'objet qu'elle a vu. Elle s'identifie alors à sa pensée et elle exécute dans son corps, pour sa condamnation, l'objet défendu qu'elle a vu mentalement.
>
> Ainsi procède le malin : c'est avec ces flèches qu'il empoisonne toutes ses victimes. Aussi est-il plus prudent, tant que l'esprit n'a pas une longue expérience de la guerre, de ne pas laisser les pensées entrer dans le cœur. En particulier, dans les débuts, lorsque notre âme éprouve un penchant pour les suggestions des démons, y prend du plaisir et les suit avidement, il est indispensable, aussitôt que l'on se rend compte des pensées, de les retrancher sur le champ, au moment même où elles nous atteignent et où nous les identifions.

Hésychius le Sinaïte (VIIIe-Xe siècle [?]).

Il est nécessaire de ne pas rester seul. Il faut demander à Dieu de rencontrer un groupe de chrétiens motivés. On est d'abord mieux conseillé, et l'on discerne plus facilement, grâce à l'aide des autres, les points d'effort, les choses à mettre en place, les fausses pistes. On est préservé de l'illusion au sujet de son état intérieur, on est plus facilement à l'abri des scrupules qui tourmentent certains. On est éclairé aussi sur les aspects bons ou mauvais de la société. Grâce aux autres, c'est une nouvelle manière de vivre qui se met en place, comme une sorte de nouvelle culture de vie. L'exemple de beaucoup pousse aussi à aller plus loin. On se doute bien, à les fréquenter, que certaines personnes ont déjà franchi d'autres seuils. On voit que cela est possible, on s'encourage à en faire autant.

Deuxièmes Demeures et vocation

À mon avis, on peut tout à fait recevoir l'appel à une vocation à ce stade de la vie spirituelle. Le mot vocation doit d'ailleurs être pris au sens large : ce peut être le mariage, la vie consacrée, le sacerdoce, ou l'entrée dans une communauté, ou encore telle ou telle forme d'activité voulue par Dieu. La vocation peut être ici tout à fait authentique et commencer à se réaliser. Il n'y a pas de raison d'attendre d'être parfait pour écouter la voix de Dieu et se mettre en chemin.

Les communautés ou groupes d'Église auxquels nous pouvons appartenir nous sont donnés, à ce stade, pour nous former, nous structurer, nous soutenir dans le combat spirituel. Chacun a ses grâces propres, dans lesquelles nous sommes conviés à entrer. Un groupe d'Église promeut un projet reçu de Dieu : il donne ainsi un idéal à atteindre et excite la générosité et l'engagement. Il propose des moyens adaptés à ce but. De la sorte, on n'est pas dans le vide et la nécessité de tout inventer soi-même. Il a plus ou moins une règle de vie qui structure le temps sur la longue durée et facilite la fidélité. Souvent, il propose aussi un accompagnement ou du moins des moyens d'évaluation qui nous sortent de la subjectivité. On est ainsi encouragé à dépasser ses états d'âme, ses impatiences, ses peurs et ses reculs pour avancer avec constance. Les divers groupes d'Église, communautés et mouvements, sont ainsi des aides providentielles pour avancer dans la vie spirituelle.

Les Troisièmes Demeures : un état d'équilibre relatif

Que sont les Troisièmes Demeures ?

Peu à peu, on arrive à surmonter les premiers obstacles de la vie avec Dieu et on arrive à un état plus stable. Le choix de

Dieu est maintenant fait. Le Seigneur est premier dans la vie. « La faveur que le Seigneur leur a faite de passer outre aux premières difficultés n'est pas mince, mais très grande[16]. » L'âme arrive à se dominer, à prier régulièrement, elle a mis en place sa vie chrétienne dans ses diverses modalités, elle appartient souvent à un groupe d'Église, elle n'est pas marginale dans la société, elle est actrice de sa propre vie, elle se sent responsable. Nous avons affaire à quelqu'un d'adulte, qui a mis de l'ordre dans son existence. Sainte Thérèse d'Avila en donne une description assez savoureuse : « Ces âmes, de par la bonté de Dieu, sont, je le crois, nombreuses en ce monde : vivement désireuses de ne pas offenser Sa Majesté[17], elles se gardent même des péchés véniels et sont amies de la pénitence[18], elles réservent des heures au recueillement, emploient bien leur temps, s'appliquent aux œuvres de charité envers le prochain, un ordre harmonieux règne dans leur langage, leurs vêtements et le gouvernement de leur maison[19], si elles en ont[20]. »

Cette vie repose sur un contact régulier avec Dieu dans la prière. Celle-ci est donc organisée et elle se passe sur un mode actif : on lit, on médite, on intercède, on parle à Dieu. Parfois, on utilise une méthode d'oraison, parfois on s'est fait la sienne propre. On connaît l'importance de la Parole de Dieu et des sacrements. Comme on a pris le pli, la prière est devenue plus facile. On est très engagé dans cette relation de prière, et l'on en est heureux. On arrive à se concentrer, à

16. Sainte THÉRÈSE D'AVILA, *op. cit.*, p.895.

17. Il s'agit, bien sûr, de Sa Majesté céleste, c'est-à-dire de Dieu.

18. Au sens où elles font des efforts et ne se passent pas tous leurs caprices.

19. Au sens du mot au XVIe siècle, il faut entendre une maison noble ou bourgeoise, qui demande une grande activité de gouvernement pour les maîtres et les maîtresses de maison.

20. Sainte THÉRÈSE D'AVILA, *op. cit.*, p. 895.

se recueillir. « L'âme [...] recueille toutes ses puissances et rentre en elle-même avec son Dieu[21]. » Cela ne se fait pas par une action extraordinaire de Dieu qui s'emparerait, en quelque sorte, de l'âme. C'est l'effet d'une bonne habitude de l'esprit et d'une maîtrise de soi qui arrive à concentrer la pensée sur un sujet que l'on aime. On a des moments de ferveur très gratifiants. Parfois, on est si touché, par exemple en méditant sur la Passion de Jésus, que l'on en pleure. On a parfois un sentiment de vraie ferveur. Ainsi, la prière descend plus profondément en soi[22].

De même, on sait ce qu'est le péché. La conscience est devenue plus fine. On ne voudrait pas vivre dans une vie de péché récurrent, et l'on prend les moyens de ne pas y retomber. Le diable a moins de prise. On est capable d'identifier au moins ses attaques frontales.

On n'hésite pas à se former pour mieux connaître et servir. On met en place, plus ou moins, une structuration de la pensée, comme une sorte de théologie plus ou moins implicite. On juge de la vie à partir de la foi chrétienne. On a pris une certaine distance par rapport au « culturellement correct » de son époque.

On sait aussi l'importance de l'Église et l'on voudrait servir Dieu à travers elle. On cherche le moyen de s'engager sous une forme ou sous une autre. On manifeste de la générosité. Dans le service, quel qu'il soit, on est souvent apprécié.

Comme le dit Thérèse d'Avila, il y a probablement beaucoup d'âmes dans cette situation. Je suis persuadé qu'une

---

21. Sainte THÉRÈSE D'AVILA, *Le Chemin de la perfection,* dans *Œuvres complètes, op. cit.,* p. 460.
22. On appelle cette forme de prière l'« oraison de recueillement ».

bonne partie des chrétiens pratiquants, y compris des jeunes et même des enfants, entrent dans cette catégorie. Il en est de même, à mon sens, pour beaucoup de prêtres, de consacrés, de séminaristes, de membres de communautés et mouvements d'Église. « C'est certes un état souhaitable, dit-elle, il n'y a, semble-t-il, aucune raison de leur refuser l'entrée de la Dernière Demeure[23], le Seigneur ne la leur refusera point, si elles le veulent ; c'est une très belle disposition pour obtenir de lui toute grâce[24]. »

Les charismes

On appelle « charisme » un don de Dieu attribué à quelqu'un pour le service et la construction de l'Église. Un charisme est indépendant de la vertu de celui qui le reçoit. C'est vraiment un cadeau. Mais, si on le vit avec bonne volonté, il construit aussi celui qui en est le dépositaire. Il se branche, en quelque sorte, sur les vertus. Un charisme peut ne pas durer toute la vie, il est lié à la volonté de Dieu.

Certains charismes ont une forme « mystique », nous en parlerons donc ultérieurement. D'autres sont plus simples, et ils sont donnés souvent dès les Deuxièmes et surtout Troisièmes Demeures. Tels sont, par exemple, les charismes de service ou d'accueil : une personne est sollicitée par Dieu en ce sens, et elle trouve toutes facilités pour aider et accueillir les autres alors que, jusque-là, cela n'était pas développé chez elle. D'autres reçoivent un charisme de conseil dans tel ou tel domaine, de joie, d'apaisement des esprits, de contact entre les gens, de décoration, de suivi des finances, etc. Quand on regarde un groupe de chrétiens, on s'aperçoit que les charismes sont nombreux,

23. C'est-à-dire l'entrée dans la vie de contemplation, la vie mystique.
24. Sainte THÉRÈSE D'AVILA, *op. cit.*, p. 895.

même s'ils ne sont pas toujours spectaculaires. La construction de l'Église devrait se faire beaucoup à partir de ces charismes discernés et encouragés par ceux qui ont autorité. Cela est gratifiant pour les personnes, les responsabilise, et rend tout le monde heureux.

Les limites d'un état raisonnable

Le Père Marie-Eugène de l'Enfant Jésus nommait très justement les Troisièmes Demeures « le triomphe de l'activité raisonnable ». C'est à la fois la force et la faiblesse de cet état.

La force parce qu'on se sent bien. On croit maintenant connaître ses capacités et ses limites. On a bien lutté pour arriver à un résultat, et on pense l'avoir atteint. La zone corporelle est à peu près à sa place, ainsi que la zone affective, du moins le croit-on. L'intelligence sait pourquoi on vit et ce qu'on doit faire. L'être est mobilisé dans une large mesure, et il répond à ce que j'en attends dans le domaine de la vie religieuse personnelle et sociale.

La faiblesse parce qu'on est parfois trop raisonnable. Il y a souvent ici un orgueil inconscient de la pensée qui s'accroche à ses certitudes et estime savoir l'essentiel sur la vie. On peut se croire « arrivé », juger le monde et les autres à son aune, trop rapidement. On peut devenir ainsi un chrétien bien en place et sûr de soi. On est certes adulte, et il faut en passer par là, mais on n'est pas enfant. On ne comprend pas ceux qui le sont et on les juge parfois sévèrement. L'orgueil n'est pas mort. On a une résistance réduite face aux épreuves, en particulier aux difficultés dans la prière. Si celle-ci devient plus difficile, si on a du mal à se concentrer, on est tenté de réduire ou d'abandonner le temps qui lui est consacré. Si on subit des difficultés comme il en existe toujours, on n'est pas capable de les vivre avec Dieu. On est déconcerté.[25] L'ordre extérieur peut tromper sur la qualité des vertus et leur enracinement profond, qui n'atteint pas encore le fond de l'âme. L'attachement à Dieu est réel, mais l'attachement à soi l'est également encore.

Par ailleurs, il y a des parties entières de soi que l'on ne connaît pas et même que l'on fuit. On a peur de ses misères. Certaines se révèleront avec l'âge ou au contact de certaines circonstances. Il y a des zones malades ou fragiles, mais masquées.

La parabole du jeune homme riche (Mc 10, 17-22) est assez expressive de l'état de ces âmes. D'une part, elles sont riches, elles ont « de grands biens ». Ce qu'elles vivent est beau, il faut s'en réjouir, mais ce n'est cependant pas encore la grande aventure. On reste largement dans l'humain. On admire les saints, mais on ne croit pas que c'est aussi pour soi. L'appel du large n'a pas retenti. Parfois, cependant, dans le fond de l'âme, il y a un souffle de Dieu qui appelle vers d'autres horizons. Il y a quelque chose de la vie qui aspire à basculer. Il faut alors passer de la raison au cœur et accepter un peu de folie, qui comporte une forme nouvelle d'appauvrissement pour une nouvelle richesse.

---

25. « J'ai connu quelques âmes, je crois même pouvoir dire que j'en ai connu beaucoup qui, parvenues à cet état, ont vécu de longues années dans cette droiture et cette harmonie, corps et âme, pour autant que je puisse en juger ; elles semblaient avoir déjà maîtrisé le monde, ou du moins être bien déçues par lui, mais lorsque Notre Seigneur les soumit à des épreuves peu importantes, leur inquiétude fut telle, leur cœur fut si serré, que j'en fus éberluée et même fort effrayée. Il est vain de les conseiller, elles sont depuis si longtemps consacrées à la vertu qu'elles se croient capables de l'enseigner aux autres et n'avoir que trop de raisons de regretter ces épreuves [...] elles imaginent toutes qu'elles souffrent pour Dieu et n'arrivent donc pas à comprendre que c'est une imperfection. » (Sainte THÉRÈSE D'AVILA, *op. cit.*, p. 898.)

*

Tous les auteurs spirituels ont encouragé les âmes à progresser. Déjà l'apôtre Pierre disait : « Croissez dans la grâce et la connaissance de notre Seigneur et Sauveur Jésus Christ » (2 P 3, 18), et Paul écrivait aux Thessaloniciens : « Enfin, frères, nous vous le demandons et vous y engageons dans le Seigneur Jésus : vous avez reçu notre enseignement sur la manière de vivre qui plaît à Dieu, et déjà c'est ainsi que vous vivez; faites-y des progrès encore » (1 Th 4, 1-2). À cette progression, il n'y a pas de limites : « Nulle limite ne saurait interrompre le progrès de la montée vers Dieu puisque, de son côté, il n'y a pas de borne et que, de l'autre, la croissance du désir tendu vers lui ne saurait être arrêtée par aucune satiété », dit saint Grégoire de Nysse.

On peut se dire qu'en allant ainsi vers Dieu, on risque tout. On perd une partie des repères que donne la société, on abandonne la logique du « monde », et l'on se met dans les mains d'un être invisible et exigeant. Encore une fois, nous pouvons le faire parce qu'il est bon et qu'il est Père. Nous pouvons le faire parce que nous sommes animés par l'amour. Il nous l'a déjà prouvé, n'est-ce pas? Alors nous pouvons risquer pour Dieu. Notre récompense sera à la hauteur de notre risque.

QU'AVONS-NOUS RISQUÉ POUR LE CHRIST ?

> Qu'avons-nous risqué pour le Christ? Que lui avons-nous donné sur la foi de sa promesse? L'apôtre disait que lui et ses frères seraient les plus malheureux des hommes si les morts ne devaient point ressusciter. Pouvons-nous, de quelque manière, nous appliquer cela à nous-mêmes?
>
> Cardinal John Henry Newman (1801-1890).

4

La progression dans la vie spirituelle

Un nouvel état d'esprit

Dans les étapes que nous abordons maintenant, nous sommes vraiment en plein dans la vie spirituelle, nous entrons dans les demeures intimes du château, où nous connaissons vraiment – encore que progressivement – le maître de maison. Il nous a introduits dans son intimité. Pour en exprimer quelque chose, la Bible fait appel au langage amoureux tel qu'on le trouve exprimé dans le Cantique des cantiques[1]. Seul le langage amoureux, en effet, peut donner cette impression de complète intimité. Il faut le prendre, bien entendu, de façon métaphorique. Dans la partie que nous abordons maintenant, nous devons en effet nous garder de la fausse mystique. Elle est courante. Elle consiste à favoriser à l'excès la zone sensible sans s'apercevoir que la relation spirituelle avec Dieu est de l'ordre du « moi profond ». Du reste, comme Dieu le sait bien, il fait intervenir à temps les purifications nécessaires. Tout cela étant traversé par un amour de plus en plus profond.

---

1. C'est-à-dire le « chant des chants » ou « le plus beau des chants ».

DU CANTIQUE DES CANTIQUES

J'entends mon bien-aimé.
Voici qu'il arrive,
sautant sur les montagnes,
bondissant sur les collines.
Mon bien-aimé est semblable à une gazelle,
à un jeune faon.

Voilà qu'il se tient
derrière notre mur.
Il guette par la fenêtre,
il épie par le treillis.
Mon bien-aimé fait entendre sa voix,
il me dit :
« Lève-toi, ma bien-aimée,
ma belle, viens.
Car voici l'hiver passé,
c'en est fini des pluies, elles ont disparu.
Sur notre terre les fleurs se montrent.
La saison vient des gais refrains,
le roucoulement de la tourterelle
se fait entendre sur notre terre ;
le figuier forme ses premiers fruits
et les vignes en fleur exhalent leur parfum.
Lève-toi, ma bien-aimée,
ma belle, viens !

Ma colombe, cachée au creux des rochers,
en des retraites escarpées,
montre-moi ton visage,
fais-moi entendre ta voix ;
car ta voix est douce
et charmant ton visage. »

Ct 2, 8-14.

À ce stade de la vie spirituelle, nous sommes de plus en plus sûrs de l'amour et de l'action de Dieu, car nous l'expérimentons. Nous sommes passés de l'ombre à la lumière, nous sommes dans une foi beaucoup plus fondée. Certes, de nouvelles ténèbres surviennent, mais celles-ci sont tout à fait différentes des ténèbres du péché, du doute et de l'absence de foi. Les difficultés n'empêchent pas la joie, et cette dernière devient peu à peu dominante.

Le mouvement est à peu près le suivant : Dieu prend la direction des opérations. Pour cela, il s'installe, avec notre accord, dans le fond de l'âme, le « moi profond ». L'Esprit Saint, peu à peu, va en devenir l'hôte davantage. À partir de ce centre, Dieu va « envahir » progressivement les différentes zones de l'être. Il procède ainsi du centre vers la périphérie. Il « divinise » et, plus précisément, « christifie » de plus en plus l'être entier.

Il est extraordinaire d'assister à ce mouvement et plus encore de l'expérimenter. Loin de fermer sur soi, comme le font souvent des techniques de méditation orientales[2], cette action de l'Esprit ouvre de plus en plus vers le haut et vers les autres. Loin de nous rendre impassibles, voire indifférents, cette emprise de Dieu nous conduit à une plus grande vulnérabilité. Mais celle-ci n'est plus inquiétante. Comme nous savons de plus en plus que Dieu est Père, nous n'avons plus peur de lui et nous nous laissons faire avec souplesse et avec bonheur.

Les Quatrièmes Demeures : le décollage

L'effusion de l'Esprit

Un jour, il se passe quelque chose dans la vie spirituelle. La relation avec Dieu change complètement, à tel point

2. Congrégation pour la doctrine de la foi, *Quelques aspects de la méditation chrétienne,* 15 octobre 1989, n°s 27-28.

qu'un autre monde s'ouvre. C'est un peu comme si le Ciel touchait alors la terre.

Après des années de prières et d'efforts, ou bien brusquement et sans préparation ; d'un seul coup ou par paliers ; à la suite d'une prière des frères ou sans que rien ne le laisse supposer, Dieu manifeste sa présence de façon nouvelle et évidente. Il est là, ici, devant moi, en moi, chez moi. Je ne le vois pas des yeux de mon corps, mais sa présence est telle que je ne puis en douter. Il est dans « le ciel de mon âme », selon le mot d'Élisabeth de la Trinité. Cette présence a une force incroyable. C'est à la fois complètement surprenant et absolument simple, déstabilisant et rassurant. On est comblé au-delà de toute expression, dans une sorte d'explosion de joie, et comme élevé au-dessus de soi-même. On a le sentiment d'être arrivé au port, d'avoir trouvé enfin la vraie vie. On pourrait prendre l'image d'un être aimé avec lequel on aurait communiqué pendant longtemps par des messages. Puis l'être aimé entre dans le jardin. Ensuite, il frappe au carreau de la vitre. Et on s'aperçoit enfin qu'il est ici, dans la pièce : il est là, devant moi.

Cela n'est pas le produit d'un raisonnement, du travail de l'intelligence. C'est très au-delà. Les facultés mises en œuvre sont d'un autre ordre, elles se situent dans le centre de l'âme, au sein même du « moi profond ». Les yeux de l'âme s'éveillent. La conscience spirituelle apparaît en pleine activité. Je suis capable de voir un autre univers, et je le sais de façon certaine.

Souvent, cette vie nouvelle prend un visage, une rencontre a lieu : j'ai « rencontré » Jésus. Je passe d'une relation assez lointaine et obscure avec Dieu à une relation « immédiate » et proche avec Jésus, le Fils de Dieu fait homme, mon ami et mon frère. Je sais qui c'est, il est vraiment devenu « quelqu'un » pour moi. Il ne m'est pas apparu, mais je n'en ai pas besoin : l'effet me semble être le même. Je suis passé du stade de la foi appuyée sur un certain raisonnement, à la foi qui « voit » (relativement), qui expérimente, qui goûte. Jésus s'est dévoilé avec puissance, dans la beauté de son être. Il m'appelle, il me demande de le suivre, et je n'ai aucun mal à le faire. Il est tellement proche et attirant ! Le mot « incarnation » prend toute sa signification pour moi. On pourrait aussi parler de « dévoilement » : le rideau qui sépare le Ciel de la terre s'est ouvert en partie pour moi. J'expérimente ce qu'avaient expérimenté les pèlerins d'Emmaüs qui ont reconnu Jésus, là, avec eux. L'Eucharistie prend alors une dimension complètement nouvelle dans ma vie et devient extrêmement attirante, soit à la messe et à la communion, soit à l'adoration, dont je comprends maintenant, sans effort, le véritable sens. Parfois, cette présence de Jésus ne nous quitte ni de jour ni de nuit. Le corps dort, mais les yeux de l'âme sont éveillés en permanence. On se réveille, et Jésus est là !

Cette expérience de rencontre avec Jésus est fréquente à l'heure actuelle. Parfois – mais c'est moins courant – c'est une rencontre avec le Père qui ouvre l'entrée dans la vraie vie spirituelle. Parfois c'est la Personne de l'Esprit Saint qui se dévoile. Parfois c'est Dieu en lui-même qui signifie sa présence, sans que les Personnes divines soient encore identifiées et dévoilées comme telles.

Ma vie est totalement bouleversée. Jamais plus elle ne pourra être la même. Je suis complètement renouvelé à l'intérieur de moi-même. Je jouis d'une paix qui atteint vraiment le fond de l'être : c'est comme si un lac de paix s'établissait dans l'intime de mon âme, lac que rien ne viendra plus troubler si je le veux bien. La peur qui peut être liée à l'enfer ou aux risques du contact avec Dieu disparaît. On ne craint plus la mort, on ne craint plus vraiment ce qui peut arriver dans cette vie. Certes, les nerfs, l'imagination, ne sont pas encore convaincus entièrement. Mais le fond de l'être sait que Dieu est le maître et que tout tourne au bien de ceux qui aiment Dieu.

Un autre effet de la rencontre est une générosité nouvelle. Le don de soi est renouvelé. Je suis prêt à tout. Les grandes choses ne me font pas peur. Je suis capable de m'offrir pour n'importe quel sacrifice. Rien ne me semble difficile, puisque Jésus est avec moi et m'assiste sans cesse.

Un troisième effet immédiat de cette rencontre avec Dieu est la joie. Ce n'est plus la joie humaine, laquelle est parfois le produit d'un effort, c'est la joie même de Jésus qui envahit le cœur et l'être entier. Le cœur connaît une nouvelle dilatation, qui est au-delà de la sensibilité et même de l'intelligence : « Il ne s'agit pas de beaucoup penser, mais de beaucoup aimer[3]. » On a l'impression de découvrir de nouveaux horizons de l'amour, qui laissent loin derrière tout ce que l'on a connu jusqu'alors.

Les autres s'aperçoivent souvent de quelque chose. Or personne ne peut vraiment comprendre cela s'il n'en a pas fait l'expérience. L'entourage est donc dérangé. Il peut croire, par exemple, que l'on est devenu amoureux. Si l'on tente de s'expliquer, les réactions sont souvent sceptiques, parfois négatives ou jalouses. Je ne suis pas meilleur que les autres, or il m'arrive quelque chose dont ils se sentent exclus. On me croira parfois anormal, surtout au début, où le bouleversement est si fort que je peux changer de vocabulaire et d'attitude. Si je ne suis pas aidé, je peux penser moi-même, à la

3. Sainte THÉRÈSE D'AVILA, *op. cit.*, p. 908.

limite, que je suis étrange. Mais je ne puis nier cependant que Jésus soit là, dans ma vie, présent et agissant. Or il y est sans mérite de ma part, sans que rien ne puisse l'obliger à accomplir cet acte pour moi. Nous sommes dans la complète gratuité de Dieu. Nous ne pouvons que constater son action et nous soumettre à sa volonté. Dans le concours des vertus, je ne suis certainement pas le plus avancé. Pourtant, c'est à moi que cela arrive.

Dans une communauté religieuse, il faut beaucoup de respect et de discrétion quand cela arrive à un des membres. Si on a peur, si on veut le garder dans la voie commune en craignant qu'il fasse de la fausse mystique, si on veut l'obliger à continuer à prier en méditant comme dans les époques précédentes, on fait beaucoup de mal à l'âme, on la ralentit, et on peut même la casser. Les responsables rigides (ou au contraire trop enthousiastes) sont alors dangereux, et les accompagnateurs spirituels expérimentés sont irremplaçables.

Cette expérience peut arriver à quelqu'un qui a longtemps cheminé dans la vie avec Dieu. Parfois des années s'écoulent avant que Dieu ne se dévoile. « Ne parlons pas, disait Thérèse d'Avila, de l'heure où le Seigneur consent à l'accorder : c'est au gré de Sa Majesté, uniquement. Elle a ses raisons, nous n'avons pas en nous en mêler. Lorsque vous aurez fait tout ce qu'on accomplit dans les précédentes Demeures, de l'humilité, de l'humilité ! C'est elle qui persuade le Seigneur de nous accorder tout ce que nous attendons de lui ; vous reconnaîtrez en tout premier lieu que vous la possédez à ce que vous ne croirez pas mériter ces faveurs et saveurs du Seigneur, ni jamais les connaître de votre vie[4]. »

4. Sainte THÉRÈSE D'AVILA, *op. cit.*, p. 915.

Disons cependant que si l'on reçoit cette « effusion de l'Esprit » sans vie chrétienne préalable, celle-ci sera à mettre en place par la suite. Il y aura comme une reprise en sous-œuvre. Nul n'est dispensé de la vertu et de l'effort, même s'il fait, au début de son itinéraire, une expérience forte. Il faudra qu'il travaille sérieusement sans se décourager, et parfois longtemps pour affermir ce qu'il a reçu ce jour-là. Pour les autres, ceux qui ont peiné pour poser les fondations de la vie chrétienne, cette rencontre avec Dieu n'est pas l'aboutissement obligé du processus, mais elle éclaire merveilleusement les temps de préparation préalables.

Le passage à la passivité

L'une des manifestations les plus spectaculaires de cette nouvelle proximité de Dieu est le passage de l'activité à la passivité : Dieu prend la direction des opérations et moi, je le suis. Mais il faut bien s'entendre ici sur le sens des termes.

Dieu prend les commandes plus ou moins en direct. On est entré dans un nouveau monde, qui est le sien, où il est le maître. Tous les textes de la Bible sur la souveraineté et la toute-puissance de Dieu, sur sa Providence et sur son action toujours première nous parlent. On sait très bien qu'on a tout reçu, on sait que rien d'humain ne pouvait le produire, on se sait en dépendance de lui en toutes choses. Peu à peu, l'action de Dieu va tout envahir et passer en avant. Dieu nous demandera de plus en plus de consentir, de nous abandonner, de nous laisser faire. Pour l'entourage, si l'on n'est pas discret sur ces états intérieurs, cela peut être préoccupant.

Pour autant, l'action ne disparaît nullement. Elle est souvent même plus juste, plus efficace, parce que – nous le verrons plus loin – elle est guidée par les dons du Saint-Esprit.

Mais on pourrait dire que l'on passe du schéma connu : « Voir, juger, agir », au schéma : « Prier, discerner, obéir ». La passivité n'est pas la démission, ni l'illusion. Elle est au contraire réception d'une force et d'un éclairage qui donnent à cette action une plus grande puissance. C'est le moment où Dieu se sert des gens pour faire de grandes choses, car son œuvre peut alors s'exécuter selon ses volontés. Ce n'est plus une œuvre humaine venant de projets d'hommes, c'est l'œuvre propre de Dieu qui s'exécute à travers des hommes qui sont capables de l'écouter et de lui donner leur consentement. On passe de l'œuvre *pour* Dieu à l'œuvre *de* Dieu. Écouter Dieu, tourner l'oreille de son cœur vers lui, devient la première attitude dans l'action.

Cela est très gratifiant, mais ce n'est pas si facile. Dans notre monde, nous ne sommes pas éduqués pour cela et, de toutes manières, la pente de l'être humain ne va pas dans ce sens. C'est la raison pour laquelle Dieu va nous éduquer par des moyens que nous verrons plus loin.

Le bouleversement de la vie de prière

La vie de prière ne saurait échapper au bouleversement général, dans la mesure où la prière est le lieu de contact privilégié avec Dieu. La prière est donc plus facile, elle est comme donnée, on y puise un grand bonheur, puisqu'on y « sent » sans effort Dieu proche et dévoilé. Sainte Thérèse d'Avila consacre un long développement à la différence entre les contentements que l'on trouve dans la méditation active des Demeures précédentes, et les plaisirs donnés gratuitement par Dieu dans cette Quatrième demeure.

Dans la prière, la dimension de passivité devient essentielle. Auparavant, la prière est organisée, structurée. On sait ce que l'on veut faire ; à la fin de la prière, on peut contrôler ce qu'on a pensé. Maintenant, il n'en est plus de même. La prière ne vient plus de nous, elle est donnée directement par Dieu. On en est si surpris au début que, quelquefois, on ose à peine nommer cela une prière : « Il ne se passe plus rien durant mon temps de prière. » Si l'on demande : « Mais Dieu y est-il présent ? » on répond : « Oui, sans cesse, de plus en plus, et d'une manière incomparablement supérieure et différente de la situation antérieure. » On se sent si heureux durant ces moments de prière qui tendent d'ailleurs à durer un peu toute la journée ! On est comme sans cesse en présence de Dieu, en contact avec lui, on lui parle continuellement, mais sans bavardage, et on entend aussitôt ce qu'il nous dit. Il s'établit grâce à la prière, sans effort, comme une douce paix, une sorte de quiétude. Thérèse d'Avila nomme d'ailleurs cette prière l'« oraison de quiétude ».

Pour comparer cette forme de contact avec Dieu avec celle des Demeures qui précèdent, elle a expliqué cela par la célèbre image des deux bassins d'eau : « Ces deux bassins s'emplissent d'eau par des moyens différents ; pour l'un elle est amenée artificiellement de loin par de nombreux aqueducs, l'autre a été creusé à la source même de l'eau, et il s'emplit sans bruit. Si la source est aussi abondante que celle dont nous parlons, lorsque le bassin est plein, il en déborde un grand ruisseau ; il n'y a pas besoin d'artifices, peu importerait la ruine de l'aqueduc, l'eau jaillit toujours du même point. Telle est la différence : celle qui vient par les aqueducs s'assimile, ce me semble, aux contentements qu'on obtient par la méditation ; nos pensées nous les procurent, en nous aidant des choses créées pour méditer par un effort de l'entendement ; et comme elle vient, enfin, de notre industrie, c'est avec bruit qu'elle répand quelque chose de profitable dans l'âme [...] Dans l'autre bassin, l'eau naît de la source même, qui est Dieu ; donc, comme Sa Majesté le veut quand sa volonté est d'accorder une faveur surnaturelle, elle émane avec une quiétude immense et paisible du plus intime de nous-mêmes[5]. »

Curieusement, la prière est perçue parfois comme au-delà de la pensée. On voit bien que c'est le fond de l'âme qui est maintenant atteint, et non plus seulement l'intelligence ou l'imagination. Il arrive que, durant la prière, la pensée s'échappe. On peut avoir des distractions, « on pense à autre chose ». On en est très surpris. On est là, en oraison ou en adoration, on se sent en présence de Dieu, on ne peut nier cette présence, mais on n'arrive plus, comme avant, à se rassembler, à se concentrer. On voit bien cependant qu'on est établi dans la prière. On fait alors l'expérience d'être comme dans deux mondes différents : le monde humain et le monde divin. Dans cet état, faute d'expérience, on se pose beaucoup de questions et on peut être très inquiet sur soi. Or il n'y a pas de véritable scission à l'intérieur de l'être humain, il n'y a aucune cause déviante à cela ; on explore simplement une nouvelle zone de son être : le « moi profond ». Aussi « il n'est pas bon de nous laisser troubler par nos pensées, ni d'y accorder la moindre importance ; ainsi si elles nous viennent du démon, il y renoncera[6]. » Il peut en effet y avoir une part de combat spirituel dans cette affaire. Pour nous ralentir dans notre avancée vers Dieu, le démon nous inquiète. S'il nous trouve serein, il s'en va et cette résistance à son action nous a fait avancer davantage. Faisons donc le choix de ne pas nous inquiéter de toutes ces distractions.

Je disais plus haut que cette prière est comme indépendante de la pensée, elle est au-dessus. C'est pourquoi on en revient quelquefois à des formes de prière très simples qui semblent même une régression. Par exemple, on va cesser de

5. Sainte THÉRÈSE D'AVILA, *op. cit.*, p. 913.
6. Sainte THÉRÈSE D'AVILA, *op. cit.*, p. 909.

méditer systématiquement, parce qu'on en devient incapable, et on va dire simplement le chapelet ou le rosaire. Cette prière à Marie peut paraître « primitive », on ne pense pas à tout ce qu'on dit, les « Je vous salue » se succèdent sans que l'intelligence semble s'y accrocher. Mais par ailleurs on sait très bien que le cœur veille, que la prière se déroule doucement et continuellement. Le même effet est atteint par la récitation de la prière du Pèlerin russe : « Seigneur Jésus, Fils du Dieu vivant, prends pitié de moi pécheur. » Tout cela est donné par Dieu. Si l'on se force, on n'obtient pas un bon résultat. Il faut se laisser faire par lui « sans violence et sans bruit », établir la volonté, le regard intérieur vers Dieu autant qu'on peut le faire, ne pas se battre avec sa pensée.

Prière au-delà de la pensée

Éternel, je me tais ; en ta sainte présence,
Je n'ose respirer ; et mon âme en silence
Admire la hauteur de ton nom glorieux ;
Que dirai-je, abîmé en cette mer profonde ?
Pendant qu'à l'infini ta clarté nous inonde,
Pouvons-nous seulement ouvrir nos faibles yeux ?...

... Je t'approche en tremblant, lumière inaccessible ;
Et sans voir dans son fond l'être incompréhensible,
Par un vol étonné je m'agite à l'entour.

Cessez, qu'espérez-vous de vos incertitudes,
Vains pensers, vains efforts, inutiles études ?
C'est assez qu'il ait dit : Je suis celui qui suis.
Il est tout, il n'est rien de tout ce que l'on pense,
Avec ces mots profonds, j'adore son essence,
Et sans y raisonner, en croyant je poursuis...

... Descends, divin Esprit, pure et céleste flamme,
Puissant moteur des cœurs qu'en secret je réclame ;
Et toi qui le produis dans l'éternel séjour,

> Accorde ta présence à mon âme impuissante,
> Fais-en, car tu le peux, une fidèle amante,
> Et pour te bien aimer, donne-lui ton amour.

Jacques Bénigne Bossuet (1627-1704)[7].

Les dons du Saint-Esprit et les charismes

En théologie spirituelle on dit que l'on passe, à ce degré de vie intérieure, du stade actif de la construction des vertus au stade (relativement) passif de la vie selon les dons du Saint-Esprit. Cela serait à nuancer, dans la mesure où les vertus ne sont pas toujours complètement en place, et où les dons de l'Esprit Saint ont déjà pu intervenir auparavant. Mais, globalement, l'affirmation est assez juste.

Les vertus morales sont des plis de la psychologie que nous nous donnons nous-mêmes à force d'efforts et de répétition, même si Dieu est déjà présent dans cet effort. Les dons du Saint-Esprit sont un pur cadeau de Dieu, sans mérite de notre part et donc sans efforts pour les acquérir. Il suffit d'être attentif et disposé à les recevoir et à les vivre. Ils manifestent comme un nouveau mode de présence de Dieu dans l'âme. Ils sont donnés au niveau du « moi profond » et, de là, se diffusent vers les autres zones qu'ils conquièrent peu à peu. Non sans résistances plus ou moins conscientes de notre part, comme nous le verrons plus loin. Les dons du Saint-Esprit rendent remarquablement souple, et permettent d'obéir sans délai aux inspirations de Dieu. Traditionnellement, depuis l'Ancien Testament, on en compte sept. Chacun de ces dons

7. Publié par Dom Guy-Marie OURY, dans *Chants des jours et des heures,* Chambray-lès-Tours, C.L.D., 1976, n. p.

perfectionne une vertu et la porte infiniment plus loin qu'elle n'aurait pu aller par notre seul effort. Cependant, il ne faut pas trop les séparer. Les dons du Saint-Esprit, en effet, ne sont pas seulement des cadeaux, mais c'est l'être même de Dieu, c'est l'essence divine qui se donne ici à nous. Ils nous sont donc donnés avec la charité, avec l'amour.

Le don de crainte nous inspire la bonne attitude à l'égard de Dieu, c'est-à-dire le juste respect qui lui est dû. La crainte n'est pas la peur, mais un respect de fils qui veille à ne pas offenser notre Père des Cieux, dont nous connaissons à la fois la grandeur et la proximité avec nous. Ce don perfectionne à la fois la vertu d'espérance et la tempérance.

Dans la ligne du précédent, le don de piété nous donne de porter un tendre amour de fils à Dieu notre Père, et à le prier avec confiance. Il perfectionne la justice.

Le don de force, qui perfectionne évidemment la vertu de force, nous enlève peu à peu toute crainte du monde et nous donne de faire ce que Dieu nous demande sans tenir compte des obstacles.

Le don d'intelligence qui perfectionne la vertu de foi, nous introduit dans la compréhension profonde des vérités de la foi, au-delà des raisonnements. Il est donné même à des personnes peu cultivées, et introduit au véritable esprit d'enfance.

Le don de science perfectionne également la vertu de foi. Il donne en quelque sorte de voir le monde avec l'œil de Dieu. Muni de ce don, le chrétien ne sait évidemment pas tout de l'univers. Mais du moins on ne se trompe pas en général dans la vérité des choses, la confusion disparaît, on voit blanc ce qui est blanc et noir ce qui est noir.

Le don de conseil perfectionne la vertu de prudence. Il donne de se diriger dans le cours de la vie avec assurance, selon ce qui est bien pour nous et pour les autres, à la lumière de la volonté de Dieu.

Le don de sagesse est le grand don contemplatif. Il perfectionne la vertu de charité, en nous donnant le sens et le goût de Dieu. Il introduit de plus en plus dans la contemplation. Il est appelé à se développer beaucoup dans toute âme qui aime et désire Dieu.

Les dons du Saint-Esprit, dont la racine se trouve dans le sacrement du baptême, sont conférés en plénitude à la confirmation. Mais l'effusion de l'Esprit les active, les rend opérants, leur donne une puissance, une actualité et une évidence nouvelles. Les effets de la rencontre avec Dieu : paix, joie, amour, patience, bonté, fidélité, douceur, etc. sont dûs à la présence dans l'âme de ces dons de l'Esprit. Saint Paul parle d'ailleurs de fruits de l'Esprit (Ga 5, 22-23).

La présence active de l'Esprit Saint dans l'âme s'accompagne ordinairement de la présence des charismes. Nous avons vu qu'il peut déjà y en avoir d'actifs dans les Demeures précédentes, mais ici, ordinairement, ils sont donnés avec davantage de force, parce que l'âme est prête à les recevoir et à les mettre en œuvre avec moins d'obstacles, pour le service de l'Église et de la société. Certains charismes prennent même une forme très spirituelle. C'est le cas des charismes fréquents dans la primitive Église, énumérés par saint Paul à diverses reprises, et que l'on trouve actuellement dans le Renouveau charismatique : chant en langues, charismes de texte, de prophétie, de parole de science. Certains, comme le charisme de chant, de conduite de l'assemblée, de gouvernement, d'enseignement, de discernement, paraissent moins spectaculaires, tout en étant aussi importants.

Si Dieu a redonné de nos jours tous ces charismes à son Église, ce n'est pas sans raison. Il a voulu que les chrétiens soient revêtus d'une force nouvelle et d'une certitude plus grande pour faire face à une société souvent hostile, et l'évangéliser. Les charismes, une fois discernés, doivent donc être reconnus, promus et utilisés. Cependant, il ne faut pas confondre les dons du Saint-Esprit et les charismes. Les dons du Saint-Esprit vont plus loin et plus profond [8]. Une vie spirituelle qui se construirait uniquement sur les charismes risquerait d'être assez spectaculaire, et donc gratifiante et reconnue par les hommes, mais dépourvue de racines suffisamment profondes. Si un jour les charismes disparaissaient – et cela peut très bien arriver, ne serait-ce que pour un progrès dans l'humilité voulu par Dieu – que resterait-il de la vie spirituelle ?

En effet, la vie spirituelle comporte une bonne part d'expérience. Mais elle est au-delà de l'expérience, parce que la présence de Dieu est toujours au-delà dc cc qu'il nous en manifeste. Il faut donc considérer l'expérience, mais ne pas s'attacher à l'excès à ce qu'elle peut avoir parfois de spectaculaire. L'essentiel, c'est la croissance de la charité. C'est pourquoi aussi il faut toujours se garder de juger la vie intérieure des autres. Certaines personnes n'ont aucune capacité à se décrire. Mais je suis sûr qu'il y a des petites vieilles dont personne ne dira rien et que nous trouverons bien au-dessus de nous dans le Royaume des Cieux.

---

8. « Les dons du Saint-Esprit rayonnent de la charité comme la lumière du soleil pour perfectionner celui qui les a reçus. Les charismes sont comme des miroirs qui reflètent la lumière pour les autres. » Congrégation pour la doctrine de la foi, *Quelques aspects…*, n° 25.

Les Cinquièmes Demeures : l'âme établie avec Dieu

Un jour, une carmélite avec laquelle je parlais attira mon attention sur l'importance des Cinquièmes Demeures. Selon elle, beaucoup d'âmes se trouvaient dans cet état sans qu'elles le sachent[9], et elles avaient besoin d'y être encouragées et aidées. Je me suis aperçu par la suite qu'il y avait du vrai dans ce propos.

Que sont les Cinquièmes Demeures ?

L'entrée dans les Quatrièmes Demeures constitue comme un choc pour celui qui fait l'expérience de la vie spirituelle. Il passe vraiment d'un monde à un autre. Puis, peu à peu, après – et même au milieu – d'épreuves que nous verrons plus loin, l'âme entre dans une union plus constante avec Dieu dans le centre même de son être. Dieu s'établit en elle, il y fait sa demeure, il y est chez lui. Dieu devient plus intime à nous que nous-mêmes. Pourtant, on n'est pas dépossédé de soi, on n'est pas chassé de son âme. On se sent mieux que jamais, la personnalité se révèle à elle-même dans une authenticité et une simplicité qu'elle ne connaissait pas. On se simplifie, beaucoup de blessures guérissent, on se trouve vraiment soi-même. On a parfois le sentiment inverse, celui d'être établi dans le Cœur de Dieu. Les deux impressions ne sont d'ailleurs nullement opposées.

On n'a pas de mal à rappeler à sa conscience cette présence de Dieu « dans le ciel de son âme », comme disait Élisabeth de la Trinité. L'âme est comme conquise par Dieu. Toute la

9. Heureusement, d'ailleurs. En général, justement, il n'est pas nécessaire qu'on le sache. On en tirerait orgueil. Mais si les accompagnateurs spirituels, eux, ont perçu cet état, ils peuvent mieux nous aider.

partie supérieure est de plus en plus envahie par cette présence. On ne sait pas très bien, du reste, où Dieu en est et ce qu'il y fait, on se rend bien compte que l'âme est si vaste que toute une partie de celle-ci échappe au regard, mais cela n'a pas d'importance. On se laisse faire.

Il ne s'agit pas d'une action. Ce n'est pas un acte de volonté : on est ainsi, c'est tout. Il faut parler d'un état et non d'une action. Cet état, en effet, est tout passif. La pensée opère très peu, spécialement dans la prière. Thérèse d'Avila parle de « cette âme que Dieu a rendu toute bête ». « L'entendement voudrait s'employer tout entier à comprendre quelque chose de ce qu'éprouve l'âme, et comme ses forces n'y suffisent point, il reste ébahi de telle façon que s'il n'est pas complètement annulé, il ne bouge ni pied ni main[10]. » Un de mes amis, universitaire, dont l'intelligence est toujours en éveil, disait qu'il suffisait qu'il entre dans une église pour que son intelligence s'arrête immédiatement. Il se trouvait aussitôt en présence de Dieu et n'était plus capable, depuis des années, d'émettre le moindre raisonnement sur Dieu. Il était là, avec lui, simplement.

Bien entendu, on pourrait, dans la prière, faire effort pour raisonner, méditer la Parole de Dieu, etc. Mais on se tend et on n'arrive à rien de bon. On peut passer une heure entière à tenter de mettre des pensées bout à bout sans aucun résultat utile. La seule chose à faire est d'accepter cette perte des pensées et des sentiments. Au début, on est inquiet. On se demande si l'on n'est pas devenu stupide. Mais comme on voit bien l'œuvre de Dieu se manifester dans toute notre vie, on finit par s'apaiser et l'on reste là, avec le Seigneur, dans sa douce et forte présence. On parle alors d'oraison, c'est-à-dire

10. Sainte THÉRÈSE D'AVILA, *op. cit.*, p. 926.

de prière, d'union ou de simplicité. Le curé d'Ars voyait un paysan se rendre à l'église et demeurer immobile en fixant le saint sacrement. Un jour, il lui demanda ce qui se passait ainsi entre Dieu et lui : « Il m'avise (il me regarde) et je l'avise », répondit simplement le paysan. C'est peu ou prou ainsi que les choses se passent. Si on a le sens de l'humour, une fois passé le temps de l'étonnement, c'est un état amusant : on se sent un peu idiot et on s'aperçoit que cela n'empêche pas l'action de Dieu. Au fond, cette stupidité n'a plus aucune importance. Il vaut mieux d'ailleurs garder ce genre de remarques pour soi sous peine de ne pas être compris et de scandaliser inutilement.

Bossuet a donné une bonne description de cette prière. Elle vaut aussi pour les Quatrièmes Demeures. Insistons sur la passivité qui l'anime.

Une description de la prière simple

> Il faut s'accoutumer à nourrir son âme d'un simple et amoureux regard en Dieu et en Jésus-Christ Notre Seigneur ; et, pour cet effet, il faut la séparer doucement du raisonnement, du discours et de la multitude d'affections, pour la tenir en simplicité, respect et attention, et s'approcher ainsi de plus en plus de Dieu, son premier principe et sa dernière fin... La méditation est fort bonne en son temps, et fort utile au commencement de la vie spirituelle ; mais il ne faut pas s'y arrêter, puisque l'âme, par sa fidélité à se mortifier et à se recueillir reçoit pour l'ordinaire une oraison plus pure et plus intime que l'on peut nommer de simplicité, qui consiste en une simple vue, regard ou attention amoureuse en soi, vers quelque objet divin, soit Dieu en lui-même, ou quelqu'un de ses mystères, ou quelques autres vérités chrétiennes. L'âme quittant donc le raisonnement, se sert d'une douce contemplation qui la tient paisible, attentive et susceptible des

> opérations et impressions divines que le Saint-Esprit lui communique : elle fait peu et reçoit beaucoup ; son travail est doux, et néanmoins plus fructueux ; et, comme elle approche de plus près de la source de toute lumière, de toute grâce et de toute vertu, on lui en élargit[11] aussi davantage.
>
> Jacques Bénigne Bossuet (1627-1704).

La joie augmente encore par rapport à la Demeure précédente, et elle s'établit de manière durable : « Cette joie-là surpasse toutes celles de la terre, elle surpasse toutes les délices, tous les contentements[12]. » C'est une joie très particulière, non humaine, permanente, douce et profonde.

La connaissance du monde surnaturel

Étrangement, alors que l'intelligence travaille très peu, on devient de plus en plus fin en matière de foi et de vie avec Dieu. C'est l'effet du don d'intelligence qui se manifeste librement. On ne cherche pas, en effet, à retenir pour soi ce que l'on comprend. L'orgueil intellectuel, grâce aux épreuves spirituelles, est réduit. La conscience spirituelle est maintenant très éveillée. On voit dans sa propre âme et dans celle des autres bien des choses qu'on n'aurait pu soupçonner auparavant. On « sent » très bien la présence de Dieu et la direction de son action, surtout chez les autres, on voit où il est et ce qu'il fait. On est capable d'aider les âmes de manière plus juste et plus profonde, en démêlant les faux-semblants humains, l'action éventuelle du diable et les sollicitations de Dieu. On sait maintenant que ce que l'on éprouve est vrai, on n'en doute plus. On se meut relativement à l'aise dans cet univers nouveau, mais avec lequel on a désormais une sorte de complicité. On a commencé à le visiter.

---

11. Dieu lui donne de plus en plus de lumières et de grâces.
12. Sainte THÉRÈSE D'AVILA, *op. cit.*, p. 927-928.

Cette simplicité de l'intelligence facilite l'action directe de Dieu si cela est nécessaire. Il peut ainsi parler par des paroles intérieures, des suggestions directes, des paroles de science. On sait alors très bien qu'elles sont justes et l'on ne se trompe plus ou rarement. Dieu donne ce goût très particulier lié à sa présence. Des années après, ces paroles intérieures feront le même effet que si on les avait reçues peu auparavant. Nous y reviendrons plus loin.

Un autre aspect de cette familiarité avec le Ciel est souvent l'existence d'un contact avec la Vierge Marie, certains saints et des anges. Cela était déjà vrai auparavant, mais sans doute plus précis ici. On peut alors « sentir » leur présence et leur aide, sur un mode bien différent de celui de Dieu, mais cependant très net. C'est un cadeau de Dieu pour avancer plus vite.

On pourrait craindre ici, comme d'ailleurs dans la Demeure précédente, l'illuminisme, l'illusion, le quiétisme. On pourrait en effet se croire « arrivé ». Seul un bon accompagnement spirituel avec une personne expérimentée permet de voir le véritable état des lieux. Remarquons aussi que la vraie vie avec Dieu s'accompagne toujours de progrès visibles dans l'humilité, la charité, le sens du service, l'amour de l'Église. Cela, même un accompagnateur qui n'a pas l'expérience des états mystiques peut le constater. On reste faible et pécheur. Si l'on arguait des charismes ou des sentiments mystiques pour se dispenser de la charité, ce serait très mauvais signe. L'illusion et le démon seraient au rendez-vous.

« Il faut qu'il croisse et que je diminue » : la rééducation de l'être humain

Pourquoi faut-il subir une « rééducation » ?

Afin que Dieu puisse s'établir profondément dans l'âme, il est nécessaire que celle-ci soit souple. Or elle ne l'est pas naturellement. Certes, à ce stade de la vie intérieure, on ne veut plus mener une vie de péché, et l'on a rompu du moins avec les plus gros péchés d'habitude. Il reste de l'orgueil, de la sensualité, de l'égoïsme, etc., mais ce n'est plus volontaire. Dès que l'on peut, l'on se corrige, on n'hésite pas à demander pardon à Dieu et aux autres. On a déjà bien avancé en ce domaine.

Cependant il reste, comme par-dessous, les traces du péché originel. La nature humaine a été blessée par ce péché. Elle était comme en position verticale, elle est devenue tordue. Il faut la redresser pour qu'elle soit capable de bien vivre avec Dieu. On essaie de le faire personnellement, mais notre capacité d'action sur nous-mêmes est réduite. Une bonne part de l'inconscient nous échappe. C'est pourquoi Dieu, comme un bon éducateur et un Père aimant, accomplit en nous cette œuvre de « remise en état ». Il ne le fait que quand nous sommes capables de le supporter, c'est pourquoi les « nuits », comme on les nomme, n'interviennent en général qu'à ces stades de la vie spirituelle. Cela ne signifie pas qu'il n'y a pas des épreuves et des difficultés auparavant, mais elles ne sont pas du même ordre. Maintenant, l'amour de Dieu est déjà si fort dans nos cœurs que nous sommes susceptibles d'actes de courage que nous n'aurions pas pu accomplir auparavant. Nous sommes prêts à diminuer afin que Dieu croisse en nous, comme le disait déjà saint Jean-Baptiste à propos de Jésus (Jn 3, 30)[13].

On distingue traditionnellement deux « nuits » : la « nuit des sens » et la « nuit de l'esprit », qui se produit généralement plus tard. Elles sont très différentes des épreuves précé-

---

13. Sainte Thérèse d'Avila, parlant des Cinquièmes Demeures, compare joliment l'âme à un ver à soie qui doit mourir à lui-même afin de devenir un beau « petit papillon blanc ».

dentes en ce sens qu'elles sont « passives. » Dans la première partie de la vie spirituelle, on est sous le régime du combat spirituel. On se bat contre soi-même, on tente de dominer et de limiter ses tendances mauvaises et, avec la grâce de Dieu, on y réussit peu à peu. Si on n'y parvenait pas, cela prouverait ou qu'il y a une maladie psychologique, ou qu'on n'a pas vraiment avancé dans la vie avec Dieu. Maintenant, l'œuvre de Dieu va se faire, en quelque sorte, sans nous. Nous allons devenir passifs. Nous ne pouvons que consentir. C'est un point douloureux, car saint Thomas d'Aquin dit justement qu'il faut plus de courage pour résister que pour agir. Nous sommes dépossédés de notre propre purification intérieure. Ce n'est pas rien !

DU PROPHÈTE ISAÏE

> Cherchez le Seigneur pendant qu'il se laisse trouver,
> invoquez-le pendant qu'il est proche.
> Car vos pensées ne sont pas mes pensées,
> et mes voies ne sont pas vos voies,
> oracle du Seigneur.
> Autant les cieux sont élevés au-dessus de la terre,
> autant sont élevées mes voies au-dessus de vos voies,
> Et mes pensées au-dessus de vos pensées.

Is 55, 6.8-9.

La nuit des sens[14]

Il ne faut pas prendre l'expression « nuit des sens » de manière trop littérale, car elle dépasse largement les sens, au sens étroit du mot. La nuit des sens touche prioritairement la zone de la sensibilité. Elle atteint éventuellement celle du

---

14. Wilfrid STINISSEN, *L'oraison contemplative,* Paris, Éd. du Carmel, 2002.

corps, et n'est pas sans effet sur celle de l'intelligence. Son but est de remettre en place tout le domaine du ressenti et de l'action, afin que nous ne soyons pas envahis en permanence par nos impressions et projets subjectifs, et laissions Dieu opérer en nous sans le parasiter.

Remarquons que la nécessité d'une purification en ce domaine est de bon sens. La sensibilité humaine a une puissance extraordinaire. Il suffit de voir ce que cela donne, par exemple, dans le domaine de l'amour ou de la colère. On peut être complètement envahi, dominé, mené, inspiré, par la mémoire de ce que nous avons vécu et par ce que nous vivons actuellement. C'est une source inépuisable d'inspiration pour les romanciers et les cinéastes. Rien que pour cela une bonne remise en ordre serait nécessaire.

Mais il y a plus : la présence sentie de Dieu en nous est d'une force plus extraordinaire encore. Certains phénomènes spirituels inhabituels le démontrent bien. Le corps, la sensibilité, sont comme enlevés par la grâce de Dieu et transportés dans des états étonnants. Même si nous ne vivons pas ces phénomènes, tout homme en qui Dieu agit voit sa sensibilité touchée au plus fort et au plus profond. Cela est inévitable, puisque nous sommes un tout. Dieu ne peut pas agir durablement dans le « moi profond » sans toucher les autres zones de l'être. Or, si j'accueille Dieu d'abord avec ma subjectivité, ce n'est plus lui qui va vivre en moi, *c'est moi qui vais profiter des sensations qu'il me donne,* et ces sensations ne sont pas petites. Je vais donc me refermer sur moi au lieu de m'ouvrir, et je vais faire très vite de la fausse mystique à dominante affective. Je vais récupérer pour moi et insérer dans mon propre système d'existence les grâces de Dieu. Il faut donc que la sensibilité soit purifiée en profondeur, pour pouvoir accueillir la présence de Dieu avec la pureté d'une âme d'enfant.

En général, la nuit des sens se coule dans les circonstances ordinaires de la vie. Le schéma est le suivant : jusque-là, en gros, tout réussissait. Maintenant, tout se brouille. Chaque homme construit sa vie sur un certain nombre d'éléments fondamentaux pour lui : un travail sûr, une relation certaine avec son entourage familial ou affectif, un projet de vie dans telle ou telle direction, une santé suffisante, une relation forte avec Dieu dans la prière. Comme une maison construite sur des pilotis érigés peu à peu. Et voici que tout cela est enlevé ou du moins est menacé de l'être.

Par exemple : une jeune fille chrétienne a un projet de vie précis où Dieu tient une grande place. Elle réussit bien dans ses études et se prépare à un travail professionnel qui sera utile plus tard à la société. Sa santé a toujours été bonne et Dieu lui a réellement montré qu'il l'aime personnellement. Tout avance bien et tout est cohérent. Or voici qu'en peu de temps ses études deviennent difficiles et elle se demande si, intellectuellement, malgré ses efforts, elle sera à la hauteur. Elle est brusquement menacée de perdre sa santé. Dieu se retire complètement dans la prière, elle ne le sent plus du tout. Que devient dans ce contexte son projet de vie ? À quoi s'accrocher ? Où aller ? Où est la clef ? Tout devient complètement inévident. Que faire ?

Un enseignant chrétien est estimé dans son travail et a un bon projet de thèse. Il appartient à une communauté qui le soutient, même s'il y a certains problèmes au sein de celle-ci. Sa santé est bonne. Mais voici qu'il a brusquement des difficultés graves avec son patron de thèse et son avancement à l'Université apparaît compromis. Or, c'est le lieu où il a investi pendant des années pour le service de Dieu et des hommes, et rien d'autre ne l'intéresse. Sa vie spirituelle connaît une brusque avancée par une rencontre personnelle avec Jésus qui lui donne une puissance spirituelle nouvelle, mais sa communauté, trop traditionnelle, ne comprend pas cette évolution et il ne peut plus se situer par rapport à elle. La tension extérieure et intérieure devient si forte qu'il commence à craindre de ne plus tenir physiquement. Que décider ? Où est l'issue ?

On pourrait multiplier les exemples. Ils ont en commun que l'on est « déprogrammé. » On n'a plus la maîtrise de son existence. On est atteint, alors qu'on était dans une période heureuse et fondatrice. Tout l'horizon de la vie semble obscurci. Le « système de vie » paraît profondément affecté. On souffre beaucoup. Ce n'est pas vraiment de l'ordre d'une blessure qui se ranimerait, c'est encore autre chose et c'est extrêmement profond et déstabilisant. D'autant que, de plus en plus, on comprend que ce n'est pas par soi-même que l'on en sortira. Toutes les tentatives pour avancer, tous les projets, échouent peu ou prou. On pense parfois que la vie va s'arrêter, alors qu'on était, il y a peu, en plein élan. Mais alors que signifiait ce que l'on a vécu dans les périodes antérieures de l'existence ? Où est la tendre bonté de Dieu que l'on connaissait récemment ?

La lecture des œuvres spirituelles décrivant le phénomène peut aider, mais ne résout pas le problème. La seule chose à faire est de comprendre que Dieu a pris la direction des opérations. On s'est donné à lui, on l'a fait dans la lumière. Maintenant, *on est pris.* C'est en quelque sorte la seconde phase du don, *la phase passive.* C'est une chose de se donner, c'est très beau et gratifiant. C'est autre chose d'être pris. L'impression est tout à fait différente ! On n'est pas habitué à cela et l'on se demande combien de temps on va pouvoir supporter cet étrange régime.

Heureusement, Dieu est très fin et très adroit : il ne nous tente pas au-delà de nos forces. On souffre, mais on ne casse pas. Tous les jours, Dieu envoie les secours nécessaires. On a parfois juste ce qu'il faut pour vivre la journée en cours. Si c'est trop dur, Dieu envoie des ballons d'oxygène. Au bout de quelque temps, on est tout étonné de voir que l'on n'a pas coulé. On est un peu comme Pierre marchant sur les eaux : c'est un peu fou, mais on marche.

En général, l'entourage ne comprend pas et n'aide pas beaucoup. Il fait appel à des critères de jugement inadaptés et fait des propositions inopérantes. Mais Dieu envoie les anges gardiens nécessaires. Parfois, ce sont des personnes qui traversent notre vie comme des éclairs. Parfois, ce sont des personnes que l'on connaissait auparavant, mais dont le rôle va changer à notre égard, au moins pendant une période. Pour les accompagnateurs spirituels, il faut beaucoup d'expérience, de discernement, de prière et de calme. Il faut être proche des âmes qui souffrent sans se laisser entraîner par leur angoisse. C'est une école de courage et de confiance pour tout le monde.

Dans la nuit brillent au moins quelques lumières, on trouve quelques indications de direction. La seule issue est d'accepter de se laisser faire, de consentir, de s'abandonner. Que faire, en effet? Au fond, rien. Vivre. Vivre jour après jour, en faisant au mieux son travail, en priant au mieux et fidèlement, même si c'est sans rien sentir, en aimant le mieux qu'on peut, en se supportant soi-même le moins mal possible. Ce n'est pas le moment de la vie où l'on est le plus performant. Par contre, on devient modeste. On avance petitement, apparemment du moins.

En réalité, Dieu nous fait vivre une école d'abandon. Mais nous ne sommes pas programmés pour cela, nous sommes des actifs. Accepter de se laisser faire tient de l'exploit. Heureusement que la présence de l'Esprit Saint dans le centre de l'âme est très forte, sinon nous reprendrions notre indépendance et abandonnerions la voie de Dieu. Cela arrive malheureusement quelquefois. Dieu cesse alors l'épreuve, la personne revient à un stade « normal », mais elle n'avancera pas plus avant dans la vie spirituelle : celle-ci suppose une remise en place radicale des sens.

La nuit des sens dure quelques mois ou quelques années, selon le projet de Dieu sur la personne et sa capacité à la supporter. Elle commence et se termine peu à peu, ou très brusquement. Elle est plus ou moins violente. Elle se fait d'un seul coup ou en plusieurs phases. De toutes manières, il y a toujours des piqûres de rappel.

La nuit des sens est une bénédiction de Dieu dans la vie d'un homme. Naturellement, c'est après que l'on s'en rend compte. La souffrance est extrême, mais au-delà, une vie nouvelle commence. L'Esprit Saint devient le maître en nous. L'intimité avec Dieu est alors beaucoup plus grande ; elle est même bien au-delà de ce qu'on en ressent. On est souple et prêt à faire ce que Dieu veut de nous. C'est un peu comme si Dieu était une main et nous un gant. Le gant est rêche et mal adapté à la main. Dieu fait avec le gant des exercices d'assouplissement. Le gant souffre. Mais, quand il est devenu souple, il suit le mouvement de la main sans problème et sans tension. Quand on est passé par là, on remercie Dieu de tout son être et l'on ne voudrait pas, pour rien au monde, n'avoir pas connu cet état. Mais on a aussi beaucoup de compassion pour les personnes qui s'y trouvent engagées, on a le désir de les servir et de les aider.

PRIÈRES DANS LA NUIT

QUE RIEN NE TE TROUBLE

Que rien ne te trouble,
que rien ne t'épouvante.
Tout passe.
Dieu ne change pas.
La patience obtient tout.
À qui possède Dieu
rien ne manque.
Dieu seul suffit.

Thérèse d'Avila.

MON PÈRE, JE M'ABANDONNE À VOUS

Mon Père,
je m'abandonne à vous ;
faites de moi ce qu'il vous plaira.
Quoi que vous fassiez de moi, je vous remercie.
Je suis prêt à tout, j'accepte tout.
Pourvu que votre volonté se fasse en moi,
en toutes vos créatures,
je ne désire rien d'autre, mon Dieu.
Je remets mon âme entre vos mains ;
je vous la donne, mon Dieu,
avec tout l'amour de mon cœur,
parce que je vous aime,
et que ce m'est un besoin d'amour de me donner,
de me remettre entre vos mains sans mesure,
avec une infinie confiance,
car vous êtes mon Père.

Père Charles de Foucauld (1858-1916).

JE NE SAIS QUOI TE DEMANDER

Ô Seigneur, je ne sais quoi te demander.
Toi seul connais mes véritables besoins.

> Tu m'aimes plus que je ne puis m'aimer moi-même.
> Je n'ose te demander ni croix ni consolations.
> Je ne peux que t'attendre.
>
> Mon cœur est ouvert à toi.
> Viens à moi, et aide-moi par ta miséricorde.
> Frappe-moi[15] et guéris-moi.
> Jette-moi à terre et relève-moi.
>
> Je loue en silence tes desseins insondables.
> Je m'offre en sacrifice à toi.
> Je place toute ma confiance en toi.
> Je n'ai d'autre désir que d'accomplir ta volonté.
>
> Enseigne-moi à prier.
> Prie toi-même en moi.

Métropolite Antoine Bloom[16].

Marie et la nuit

En général, la nuit des sens serait beaucoup plus rapide si nous savions nous en remettre à Marie. Au fond, nous ne savons pas bien nous diriger, nous ne savons pas où notre âme en est, et les meilleurs accompagnateurs ont bien des limites. Mais le Seigneur nous a donné une maman pour s'occuper de ses enfants incompétents. Pourquoi ne pas nous en remettre purement et simplement à elle de la conduite de notre vie intérieure ?

Si nous faisons cela, nous ne lui demandons pas une simple aide. À mon sens, il faut aller plus loin : il faut une bonne fois se remettre entièrement à elle et accepter d'abandonner entre ses mains la conduite même de notre vie.

---

15. C'est-à-dire « éprouve-moi ».

16. Dans *Prière vivante,* Paris, Éd. du Cerf, p. 44 ; d'après une prière de Mme Swetchine.

S'abandonner et ne jamais plus se reprendre. Si nous tenons ce cap, rien ne nous arrêtera.

Lisez la prière suivante, qui est de saint Louis-Marie Grignion de Montfort[17]. Ne vous forcez pas : elle est très engageante. Si vous ne pouvez pas la dire, n'insistez pas. Mais si, après avoir prié, vous pouvez entrer dans cette spiritualité, ce sera pour vous comme un nouveau changement de vie.

CONSÉCRATION À MARIE

> Je vous choisis aujourd'hui, ô Marie,
> en présence de toute la Cour céleste,
> pour ma Mère et ma Reine.
> Je vous livre et consacre, en toute soumission et amour,
> mon corps et mon âme,
> mes biens intérieurs et extérieurs,
> et la valeur même de mes bonnes actions
> passées, présentes et futures,
> vous laissant un entier et plein droit de disposer de moi
> et de tout ce qui m'appartient,
> sans exception, selon votre bon plaisir,
> à la plus grande gloire de Dieu,
> pour le temps et l'éternité.

*

Dans tout ce que nous venons de décrire, il n'y a au fond qu'une seule chose importante : c'est l'amour. Or Dieu EST amour. Il n'a pas de l'amour, mais IL EST amour. Aussi la présence de Dieu dans l'âme n'est-elle pas quelque chose qui

17. On peut lire, et surtout méditer, les œuvres de saint Louis-Marie Grignion de Montfort : le *Traité de la vraie dévotion à la sainte Vierge,* et *Le Secret de Marie.*

vient de Dieu, comme un liquide pourrait nous être transfusé : c'est Dieu lui-même qui vient en nous et nous communique en permanence son amour. Vivre le monde à partir de l'amour et dans l'amour est une incroyable réorganisation de l'être humain. L'existence est renversée. Il ne faut pas craindre de dire qu'elle devient alors vraiment magnifique !

5

La vie d'union avec Dieu

SI BELLE que soit la vie de l'être humain avec Dieu dans les Cinquièmes Demeures, Dieu ne veut pas en rester là. Il désire en effet une unité beaucoup plus forte avec celui qu'il aime et qui l'aime. On parle alors volontiers de « fiançailles spirituelles » et de « mariage spirituel »[1]. Je ne voudrais certes pas m'opposer à cette tradition et particulièrement à toute la « mystique sponsale[2] » qui s'en réclame, mais je n'utiliserai cependant pas cette manière de parler. En effet, l'expérience m'a montré que ce langage est peu compris aujourd'hui. Si, parfois, des femmes y entrent assez naturellement, il est par contre délicat à assimiler par des hommes, dans le contexte actuel du moins[3]. Par ailleurs, ces mots peuvent désigner des

1. En faisant remarquer que, dans la vie humaine, fiançailles et mariage sont le début d'un cheminement, alors que dans la vie spirituelle ils sont liés au contraire à un état de maturité.

2. Forme de mystique qui utilise l'analogie avec le mariage pour parler de l'union de l'homme avec Dieu. Voir *Dictionnaire de spiritualité*, Paris, Beauchesne, t. 10, 1977, col. 388-408.

3. Une femme se définira assez facilement comme une « épouse » du Christ, mais un homme plutôt comme « l'ami de l'époux », pour reprendre l'expression de saint Jean-Baptiste. Dès lors, les mots « fiançailles » et « mariage » n'ont pas le même sens pour lui. Sans compter que, dans le contexte présent, tout ce qui éloigne de la masculinité choque, et légitimement, je crois, certains hommes.

choses fort différentes. Par exemple, une religieuse en période d'engagement temporaire puis définitif a le sentiment de vivre des « fiançailles » et une sorte de « mariage » avec le Christ, qui ne correspondent pas absolument avec ce que nous voulons signifier ici. Ce vocabulaire me paraissant actuellement un peu délicat, je ne désire donc pas l'utiliser. Le plus important, à mon sens, c'est ce que l'on met dessous[4]. Il y a un moment où l'on n'est pas encore complètement pris par Dieu. Il reste encore un certain mélange d'humain, si spirituel que l'on soit cependant. Aussi il me semble utile de conserver une distinction entre les Sixièmes et les Septièmes Demeures, c'est-à-dire entre une union avec Dieu qui n'est pas encore complètement consommée et une autre qui est beaucoup plus totale. Dans ces deux demeures, que se passe-t-il ?

L'EXPÉRIENCE D'UN BIENHEUREUX MOINE CISTERCIEN

> Celui qui entre de plus en plus profondément dans le mystère de Dieu éprouve d'abord la douceur de la contemplation[5], ensuite celle de la délectation, puis celle de l'admiration, de l'oubli de soi, enfin de l'union. Il dit d'abord : « Je me souviens de Dieu », ensuite : « Je suis aimé », puis : « J'en fais l'expérience », puis : « Mon esprit défaille », enfin : « Je suis tout uni à lui. »

Guerric d'Igny († 1157).

4. Mon opinion ne comporte aucun jugement négatif sur le vocabulaire classique, et je comprendrais très bien que l'on ne soit pas d'accord avec moi et que l'on continue à l'utiliser. Cependant, je ne veux pas non plus cacher mes questions et mes réserves.

5. On pourrait dire : « de la rencontre ».

La contemplation de Dieu

Le terme « contemplation » ou « vie contemplative » est utilisé pour parler de la vie spirituelle en général et de la vie de certains ordres religieux comme le Carmel ou les Bénédictins. Il s'agit d'un sens extensif du mot. Ici, je voudrais le prendre dans un sens plus restrictif, en le réservant à la pointe même de la vie spirituelle. Il me semble en effet qu'à un certain stade de cette vie se produit comme un nouveau basculement : le sens de la vie est comme « repolarisé », si l'on nous permet cette expression.

La vie contemplative est une vie où le regard porté sur Dieu oriente tous les actes de l'existence. Ce n'est pas seulement un état où Dieu est présent en permanence, mais c'est plus encore. On dira alors qu'il est « le tout », on dira aussi : « Dieu seul. » On ne vit plus dans le « Dieu pour moi », mais dans le « moi pour Dieu ». Je n'oserai pas dire que Dieu se substitue à la personne, car on n'est nullement dépersonnalisé. Au contraire, on est plus que jamais soi-même. Par contre l'union des volontés est beaucoup plus grande que précédemment et les diverses zones sont beaucoup plus « divinisées ». De plus en plus, Dieu étant le tout, les divers aspects de la vie sont vus et vécus comme naturellement à travers lui. On ne s'évalue plus selon des critères humains, la reconnaissance sociale et le désir d'avoir une position, d'être reconnu, de réussir, sont de moins en moins importants. On passe de plus en plus du plan du « faire » à celui de « l'être ». On est même prêt à abandonner ses projets les plus chers si Dieu le demande. La notion d'avenir elle-même devient secondaire. Mon avenir, c'est de vivre avec Dieu et comme il est là, aujourd'hui, avec moi, en moi, et moi en lui, mon avenir, c'est aujourd'hui. Mon avenir est dans le Cœur de Dieu et je suis dans le Cœur de Dieu. Le temps humain cède un peu la place à un temps divin qui n'a pas la même consistance. Ce n'est pas que je quitte la terre ni que je cesse d'agir et d'aimer. Mais le fond de mon être commence à entrer dans l'éternité.

C'est par une meilleure connaissance des Trois Personnes divines que nous entrons plus profondément dans la contemplation, dans cette réorganisation de toute la vie à partir de son centre.

O BEATA TRINITAS

Que la grâce de Dieu t'inonde et t'envahisse,
Se répandant en toi comme un fleuve de paix.
Sous ses tranquilles flots, qu'elle t'ensevelisse
Pour que rien du-dehors ne t'effleure jamais.

En cette profondeur, ce calme, ce mystère,
Tu seras visitée par la Divinité.
C'est là que je te fête en silence, ô ma mère[6],
Adorant avec toi la Sainte Trinité.

Élisabeth de la Trinité (1880-1906)[7].

La rencontre avec « les Trois »

Il est extraordinairement beau d'avoir des relations personnelles avec chacune des Personnes de la Trinité. Saint Thomas d'Aquin parlait des « mœurs divines », c'est-à-dire des manières d'être différentes de chacun des Trois. Dans la vie spirituelle, peu à peu, nous sommes appelés à expé-

6. Il s'agit d'un poème offert comme un cadeau à sa mère, par Élisabeth de la Trinité.

7. ÉLISABETH DE LA TRINITÉ, *Œuvres complètes,* éd. Conrad De Meester, Paris, Éd. du Cerf, 1996, p. 1039.

rimenter ces relations différentes avec le Père, le Fils et l'Esprit.

La relation avec Jésus

Dans les Quatrièmes et Cinquièmes Demeures, on ne peut pas avancer si l'on n'a pas « rencontré » Jésus. La rencontre avec Jésus est bouleversante, car on le découvre et on fait sa connaissance exactement comme les apôtres l'ont fait en leur temps. On ne savait pas qui c'était, et maintenant on le sait. On connaît sa manière d'agir, son tempérament. Le Christ est plein d'amour brûlant, il est exigeant, mais c'est aussi un être tout proche, un véritable frère et ami, plein de délicatesse et de force. La découverte de la bonté de Jésus pour moi, de son amitié pour moi, de sa miséricorde inépuisable pour moi, est absolument irrésistible.

Mais il y a encore plus irrésistible : c'est la découverte que Jésus a besoin de moi. Certes, comme Dieu, il est absolument sans besoin. Mais le Verbe a voulu devenir homme. Un homme a besoin des autres hommes, il est fait pour vivre avec eux, il se construit avec eux et à travers eux. Jésus a eu besoin de Marie et de Joseph pour se construire humainement. Il a eu besoin des saintes femmes pour l'assister matériellement. Mais il y a plus encore : il a eu besoin de leur amitié. À Gethsémani, Jésus est tenté au maximum, jusqu'au point où s'évanouit le sens même de son Nom (Jésus signifie « Dieu sauve ») et de l'utilité de son sacrifice. Pourquoi ? parce que, comme il l'a dit à sainte Marguerite-Marie Alacoque, le diable l'a tenté en lui disant que son sacrifice ne servirait à rien. À ce moment-là, le Christ a eu besoin d'amis pour l'aider et le consoler. C'est pour cela qu'il avait amené avec lui Pierre, Jacques et Jean, ses amis privilégiés. Mais ils n'ont pu s'empêcher de dormir et Jésus s'est retrouvé seul, dans un combat terrible, sans appui, sans consolateur, en pensant que les hommes seraient toujours tièdes devant son amour brûlant. Il a fallu qu'un ange vienne le consoler. Or on comprend un jour que Gethsémani est à la fois dans le temps et en-dehors du temps : j'y suis présent moi aussi, comme Pierre, Jacques et Jean. Jésus a besoin de moi, il a besoin de mon affection, de mon soutien. Je puis être tiède et indifférent, ou je puis être présent et consolant, comme un véritable ami. C'est le sens profond du message du Cœur de Jésus tel qu'il a été donné à Paray-le-Monial.

Il est fou de penser que Dieu a épousé la nature humaine jusque-là, mais c'est ainsi. Il y a une vraie folie de l'amour de Jésus dans laquelle je suis invité à entrer. Un des beaux aspects de la spiritualité contemporaine aura été de découvrir, ou plutôt de recevoir, le sentiment de cette vulnérabilité de Dieu en Jésus-Christ, de cette demande qui fait de Dieu, en quelque sorte, un « mendiant d'amour ».

Avec le temps, on découvre encore autre chose de Jésus : sa dimension de Fils du Père. Il n'est pas seulement mon ami à moi et mon Sauveur, il dit lui-même sans cesse qu'il est le Fils. L'Évangile de saint Jean ne dit pas autre chose. On voit bien que le Fils ne s'arrête pas à lui-même, mais qu'il veut introduire à la connaissance d'un autre. Il prend notre main pour aller comme au-delà. On le comprend alors et, comme on est uni à lui, on expérimente que le Fils est toute réception, tout « oui » au Père. Si l'on n'est pas soi-même déjà dépouillé intérieurement, on ne sait pas ce qu'est ce « oui » permanent et absolu. On est dans le « non » ou dans le « peut-être. » Seule une vie spirituelle déjà établie permet de s'unir à Jésus suffisamment pour que nous recevions cette grâce d'être en état permanent de réception par rapport au Père. Toute notre existence est comme suspendue au Père, elle est un don constant. Par là, elle est un merveilleux cadeau.

La relation au Père

Si étonnante que soit la relation avec le Fils, la rencontre avec le Père est au moins aussi impressionnante[8].

On s'imagine assez spontanément Dieu comme une puissance, comme une force. Bien sûr, dans la vie chrétienne, nous apprenons que cela n'est pas exact. Mais que dire du bouleversement ressenti quand on voit que Dieu est essentiellement Père ? La rencontre avec le Père nous fait découvrir la bonté de celui qui est la source de notre être. Nous voyons que nous n'avons été créés que par bonté, que nous sommes enveloppés, pénétrés de tendresse. Le Père n'est nullement envahissant, il ne nous coiffe pas. Son seul désir est que ses enfants soient heureux, il leur donne jour après jour tout ce dont ils ont besoin, il s'en occupe constamment.

J'ai bien conscience, en rédigeant ceci, de redire ce que j'ai écrit dans la première partie de ce livre. Mais ici, je voudrais affirmer qu'on peut, non seulement le croire, mais aussi le vivre. On peut être pénétré en permanence de cette bonté forte et tendre, douce et sûre, de notre Père des Cieux. Nous pouvons vivre, si Dieu le donne, une vie référée, instant par instant, à cette douce volonté de celui qui nous aime à une profondeur et à un degré dont nous n'avons aucune idée. Devenir vraiment enfant, être dans les bras du Père, sans aucune mièvrerie, c'est une expérience sans nom !

On en découvre alors une conséquence très importante. Notre Père des Cieux est le créateur et le maître de l'univers, il

---

8. Jean-Claude SAGNE, *Viens vers le Père. L'enfance spirituelle, chemin de guérison,* Paris, Éd. de l'Emmanuel, 1998.

en est le roi. Si je suis son fils, je suis son héritier. Dès lors, tout ce qui est à lui est à moi. On s'aperçoit un beau jour que notre rapport à l'univers a changé, puisque le monde est le merveilleux jardin de mon Père. Dès lors, que pourrait-il me manquer ? Les paroles de Jésus au sujet de la confiance filiale et de la générosité du Père prennent une dimension différente. La pauvreté ne fait plus peur, puisque les pauvres sont rois. Les fausses richesses perdent leur intérêt. Cela ne veut pas dire que l'univers paraît nul. Certes non. Mais, selon la fonction que l'on occupe et les besoins que l'on a, tous les biens nécessaires nous sont donnés. On les apprécie à leur vraie valeur, on admire leur beauté, et on vit dans le remerciement permanent.

PÈRE DONT LE NOM EST MÈRE

Père dont le nom est tendresse,
Père dont le nom est jeunesse,
Père dont le nom est amour,

Père dont le nom est Père
et presque dont le nom est Mère,
Père dont le nom est secours,

Père dont le nom est indulgence,
Père dont le nom est patience,
Père dont le nom est pardon,

Père dont le nom est caresse,
de nouveau Père dont le nom est tendresse,
Père qui t'appelles l'infiniment bon,

ô Père, à ceux qui sous prétexte que tu es quelqu'un
de tout autre,
ne veulent pas que ta paternité ait aucun rapport
avec la nôtre
et te font ce qu'ils ne voudraient pas être eux-mêmes :
une espèce de juge terrible et de Pharaon,

avec les mots humains qui seuls ont goût de Dieu,
donne-moi, ô Père, de faire connaître ton vrai nom !

François d'Espiney (1916-1935).

Mais ce n'est pas tout. Si je suis le fils du Père, je reçois non seulement ses richesses, mais quelque chose de son propre Cœur. Or le Cœur du Père, c'est justement d'être Père. Cela signifie que Dieu notre Père nous communique un jour une part de sa paternité. Nous devenons pères à notre tour. Dans la Bible, les attributs de Dieu sont au féminin, et on compare aussi son amour à celui d'une mère. Les deux sentiments de paternité et de maternité se rencontrent en lui, comme on le voit dans la prière ci-dessus.

Ce n'est pas là une supériorité qui s'accompagnerait d'un sentiment de domination. Nous ne sommes pas des maîtres et encore moins des propriétaires des autres. Mais nous recevons quelque chose de ce sens de la vie et de la croissance, de l'aide et de l'exigence, de la bonté et de l'engagement pour l'avenir, qui sont dans le Cœur du Père. Comme le Christ le disait, nous ne nous faisons pas appeler pères en un sens de supériorité mais, comme Jésus lui-même a utilisé les mots : « ma fille », « les enfants », ou comme saint Paul parlait de ses enfants, nous sommes pères par et pour l'amour et le service. Cette paternité est indépendante de la génération physique, encore qu'elle puisse lui être liée. Elle peut être donnée à des célibataires, ou à des couples sans enfants. C'est un grand mystère que de mettre ou remettre debout et en marche des jeunes, des hommes et des femmes. C'est un mystère d'exigence pour soi dans lequel on est comme englouti peu à peu. Notre Père des Cieux donne tout ce qu'il a et tout ce qu'il est. En lui, nous sommes appelés à la même chose. Mais, comme pour la relation avec Jésus, cela n'est possible que si nous sommes déjà très renoncés à nous-mêmes.

L'EXPÉRIENCE DE DEVENIR PÈRE

> Devenir semblable au Père céleste n'est pas seulement un aspect important de l'enseignement de Jésus, c'est le cœur même de son message [...]
> Tel est le cœur du message évangélique. La façon dont les êtres humains sont appelés à s'aimer les uns les autres est la façon même de Dieu. Nous sommes appelés à nous aimer les uns les autres, avec le même amour généreux et accueillant que nous voyons dans la représentation du père, comme l'a peint Rembrandt. La compassion qui est exigée de notre façon d'aimer ne peut aucunement s'appuyer sur la compétition. Il s'agit d'une compassion absolue d'où toute trace de compétition est exclue. Elle doit être un amour radical des ennemis. Si nous voulons non seulement être reçus par Dieu mais accueillir comme Dieu, il nous faut devenir comme le Père céleste et voir le monde à travers ses yeux [...]
> À mesure que les années passent, je découvre combien ardue et stimulante, mais aussi gratifiante est cette croissance dans la paternité spirituelle.

Henri J. M. Nouwen (1932-1996)[9].

La relation avec l'Esprit

De même que le Fils s'est déjà manifesté dans les Quatrièmes et Cinquièmes Demeures, de même l'Esprit Saint y est déjà, souvent, devenu quelqu'un pour nous. On le « sent », on sait qui il est. On a compris qu'on vit en lui en permanence, que tout passe par lui. On a appris sa manière d'agir, libre et déconcertante, tantôt pleine de discrétion, tantôt éclatante et puissante.

9. Henri J. M. NOUWEN, *Le retour de l'enfant prodigue*, Montréal, Bellarmin, 2001.

Dans les Sixièmes et Septièmes Demeures, l'Esprit Saint va avec nous bien au-delà de l'action. Il nous introduit à l'être même de Dieu et nous fait vivre quelque chose de la relation qu'il a avec le Père et le Fils. Rien de ce que nous recevons du Père (tout l'amour donné) et du Fils (tout l'amour reçu) n'existerait sans l'Esprit Saint (tout l'amour échangé). Il me semble que l'Esprit Saint est comme le chant de cet amour, la joie de cette réciprocité de don, comme une louange permanente à la gloire du Père et du Fils. C'est l'Esprit Saint, je crois, qui nous fait entrer dans son propre chant. Il est la joie de l'amour des Personnes divines. Il nous associe – et davantage : il nous introduit – dans sa propre louange. Avec lui, la vie devient comme un chant constant d'allégresse et de bénédiction.

La vie avec les Trois devient ainsi « une louange de gloire », selon le mot admirable d'Élisabeth de la Trinité[10]. Notre vie est comme parcourue, tissée en ses profondeurs d'un chant qui n'est pas de nous, d'une joie qui vient d'ailleurs et qui redit sur la terre – si faiblement – quelque chose qui est d'ailleurs.

Par l'Esprit Saint, la louange, qui part du « moi profond », diffuse dans l'intelligence, qui acquiert un fonctionnement admiratif et positif, puis dans la sensibilité, qui devient plus belle, plus ouverte, plus sûre, et même parfois dans le corps, qui devient comme plus serein et plus lumineux. Il est dès lors plus facile de parler de Dieu, puisqu'on le manifeste non seulement par ce qu'on fait, mais aussi par ce qu'on est.

10. Emprunté à saint Paul (Ep 1, 6).

PAROLES D'UN CHARTREUX

> Cette habitation mutuelle, cette fusion, cette « intimité stupéfiante » avec les trois Personnes Divines : voilà le but supérieur qu'il faut faire entrevoir aux âmes dès le début de la vie spirituelle ; tel est le désir, et la volonté, de Notre Seigneur. Il ne suffit pas de pousser les âmes *vers* un idéal céleste, il faut les faire entrer *dans* le Royaume de Dieu, et leur faire comprendre qu'il est, dès à présent, leur héritage : « Le royaume de Dieu est en vous » (Lc 17, 21).
> Hors de cette vie d'union à Notre Seigneur, et de cette société avec le Père et l'Esprit, qui en est la conséquence, il n'est pas de vie spirituelle profonde, ni de véritable fécondité surnaturelle [11].

L'entrée dans la famille divine : les Sixièmes et Septièmes demeures

L'échange des cœurs

Dans la vie d'un certain nombre de saints se produit un phénomène très beau qui est l'échange des cœurs. Le Christ prend le cœur du saint ou de la sainte, et il lui donne son propre Cœur. À partir de ce moment-là, l'unité est totale entre eux et ce sont les sentiments même du Cœur de Jésus envers son Père, dans l'Esprit, et envers les hommes, qui envahissent ce cœur.

Il y a là quelque chose qui est donné, sous une forme ou sous une autre, à ceux que Dieu appelle dans la voie d'un amour radical. Le mariage est une communication et une communion qui devrait être complète de l'un avec l'autre :

11. *Amour et silence,* par un Chartreux, Paris, Éd. du Seuil, 1951, p. 81-82.

« Ils ne sont plus deux, mais un seul », comme si un même cœur battait dans la poitrine de deux êtres, avec une unité complète de vouloirs, de sentiments et de pensées. Le « mariage mystique » me semble être de cet ordre-là : une union de cœur de Jésus avec chacun de nous, qui nous fait entrer dans le Cœur même de la vie familiale de la Trinité : « Que l'Esprit Saint nous emporte au Verbe, que le Verbe nous conduise au Père, et que nous soyons consommés en l'Un, comme c'était vrai du Christ », disait le Père Vallée.

C'est dans cette perspective, à mon sens, que l'on doit comprendre les expressions « fiançailles » ou « mariage » spirituels. Ils veulent dire quelque chose d'une vie de famille qui s'établit peu à peu, dans une intimité incroyable et extrêmement simple, très au-delà des phénomènes mystiques quels qu'ils soient.

Vivre avec « les Trois »

En effet, dans les étapes précédentes, je me suis donné à Dieu et il m'a pris peu à peu. Or, si je suis tout à Dieu, la réciproque est vraie. Si Dieu est tout pour moi, si je suis à lui, il est aussi à moi. Il me fait entrer alors dans sa famille. Et à mon sens c'est peut-être là que se situe la meilleure définition de la contemplation : maintenant, *je fais partie de la famille, je suis « entré » dans la vie trinitaire et je le sais très bien.* Les « Trois » sont à moi comme je suis à eux, ils vivent en moi, mais je vis en eux, ils me possèdent, mais je les possède aussi, je les sers, mais ils m'aiment assez pour me donner leurs richesses. *Nous sommes dans un état de familiarité.* La relation n'est plus seulement de respect et d'amour, mais cet amour se tourne même en gentillesse. On comprend la familiarité de certains saints avec le Seigneur, comme sainte Catherine de Sienne qui disait « Je veux ! » de toute sa force quand elle voulait obtenir quelque chose d'important. Dieu ne s'en formalisait pas, puisque cela se passait comme à l'intérieur du cercle de famille. C'est comme si je vivais maintenant, de manière un peu consciente (et pourtant absolument imparfaite), à l'intérieur même des relations des Personnes divines entre elles. C'est tout l'enseignement de la bienheureuse Élisabeth de la Trinité[12]. On peut penser que c'est absolument fou, mais c'est pourtant ainsi ! Du reste, en théologie, cela est logique : nous vivrons au Ciel de la sorte. Ce qui est étonnant, ce n'est pas la théorie, c'est que cela commence sur terre. Car il est bien entendu que ce n'est qu'un petit commencement. Nous ne sommes encore qu'au début d'un cheminement qui sera révélé seulement dans l'au-delà.

Quelques jours avant sa mort, la bienheureuse Élisabeth de la Trinité, carmélite à Dijon, écrivait : « Là-haut, dans le foyer de l'amour, je penserai activement à vous. Pour vous je demanderai – et ce sera le signe de mon entrée au ciel – une grâce d'union, d'intimité avec le Maître. C'est ce qui a fait de ma vie, je vous le confie, un ciel anticipé : *croire qu'un Être qui s'appelle l'Amour habite en nous à tout instant du jour et de la nuit et qu'Il nous demande de vivre en société avec Lui.* » Elle disait aussi : « C'est mon Maître qui m'exprime ce désir, mon Maître qui veut habiter en moi avec le Père et son Esprit d'amour pour que, selon l'expression du disciple bien-aimé, j'aie "société" avec Eux. "Vous n'êtes plus des hôtes ni des étrangers, mais vous êtes déjà de la Maison de Dieu", dit saint Paul. Voici comment j'entends être de la Maison de Dieu : c'est en vivant au sein de la tranquille Trinité, en mon abîme intérieur, en cette forteresse inexpugnable du saint recueillement dont parlait saint Jean de la Croix. »

---

12. M.-M. PHILIPPON, o.p., *La doctrine spirituelle de sœur Élisabeth de la Trinité,* Paris, DDB, 14e éd., 1954.

Dans la même perspective, elle reçut de Dieu la grâce d'écrire, le 21 novembre 1904, cette merveilleuse prière qui est, à elle seule, un traité de théologie spirituelle et une des plus belles descriptions de l'union de famille d'une âme avec son Dieu :

Ô MON DIEU, TRINITÉ QUE J'ADORE

> Ô mon Dieu, Trinité que j'adore, aidez-moi à m'oublier entièrement pour m'établir en vous, immobile et paisible, comme si mon âme était dans l'éternité ; que rien ne puisse troubler ma paix ni me faire sortir de vous, ô mon Immuable, mais que chaque minute m'emporte plus loin dans la profondeur de votre mystère !
>
> Pacifiez mon âme ; faites-en votre ciel, votre demeure aimée et le lieu de votre repos ; que je ne vous y laisse jamais seul ; mais que je sois là tout entière, tout éveillée en ma foi, tout adorante, toute livrée à votre action créatrice.
>
> Ô mon Christ aimé, crucifié par amour, je voudrais être une épouse pour votre cœur ; je voudrais vous couvrir de gloire, je voudrais vous aimer… jusqu'à en mourir !… Mais je sens mon impuissance et je vous demande de me revêtir de vous-même, d'identifier mon âme à tous les mouvements de votre âme, de me submerger, de m'envahir, de vous substituer à moi, afin que ma vie ne soit qu'un rayonnement de votre Vie. Venez en moi comme Adorateur, comme Réparateur et comme Sauveur.
>
> Ô Verbe éternel, Parole de mon Dieu, je veux passer ma vie à vous écouter, je veux me faire tout enseignable afin d'apprendre tout de vous ; puis à travers toutes les nuits, tous les vides, toutes les impuissances, je veux vous fixer toujours et demeurer sous votre grande lumière. Ô mon astre aimé, fascinez-moi pour que je ne puisse plus sortir de votre rayonnement.

Ô Feu consumant, esprit d'amour, survenez en moi afin qu'il se fasse en mon âme comme une incarnation du Verbe ; que je lui sois une humanité de surcroît, en laquelle Il renouvelle tout son mystère.

Et vous, Père, penchez-vous vers votre pauvre petite créature, couvrez-là de votre ombre, ne voyez en elle que le Bien-Aimé en lequel vous avez mis toutes vos complaisances.

Ô mes « Trois », mon Tout, ma Béatitude, Solitude Infinie, Immensité où je me perds, je me livre à Vous comme une proie, ensevelissez-vous en moi pour que je m'ensevelisse en Vous, en attendant d'aller contempler en votre lumière l'abîme de vos grandeurs.

Élisabeth de la Trinité.

L'abandon du « vieil homme »

Dans l'Évangile, le Christ insiste sur la mort du « vieil homme », afin de revêtir l'homme nouveau. L'homme nouveau, c'est celui qui vit dans la Trinité. Mais comment abandonner le vieil homme pour vivre d'une manière différente ? Comment pivoter sur soi-même ? Ou encore comment plonger au fond de soi ?

Les obstacles à la grâce

Qui est appelé à cette vie avec la Trinité, à cette contemplation de Dieu dès cette terre ? Chacun de nous. La vie avec la Trinité, c'est la sainteté. Le concile Vatican II affirme, avec toute l'autorité nécessaire, que chaque chrétien est appelé, par son baptême, à devenir un saint. Tout ce que nous venons de décrire n'est pas autre chose que le développement de la vie baptismale. Redisons que cette sainteté, je dirai même cette contemplation, est au-delà de ce qu'on en sent et surtout de ce qu'on en exprime.

Pourtant, beaucoup n'arrivent jamais à la vie contemplative. Cela est vrai même dans des monastères où l'on est pourtant exclusivement entré pour cela. C'est saint Jean de la Croix qui l'affirme lui-même. On peut être un bon chrétien, un religieux exact et actif, sans aller plus loin. Pourquoi ? Le grand théologien jésuite Joseph de Guibert écrivait : « Aimer Dieu, le louer[13], se fatiguer, se tuer même à son service, autant de choses qui attirent les âmes religieuses ; mais mourir totalement à soi-même, obscurément dans le silence de l'âme, se détacher, se laisser déprendre à fond, par la grâce, de tout ce qui n'est pas pure volonté de Dieu, voilà l'holocauste secret devant lequel reculent la plupart des âmes, le point exact où leur chemin bifurque entre une vie fervente et une vie de haute sainteté[14]. » Aller plus loin, c'est tout le sens de la nuit de l'esprit.

La nuit de l'esprit[15]

Dans la nuit des sens, on est dépouillé de son action, de ses capacités d'œuvrer, de son ressenti. On sait alors que l'action dépend de Dieu seul. On s'est trouvé comme devant des murs, Dieu les a fait franchir. On se sait en dépendance de lui dans tout le domaine du ressenti et de l'agir. Avec la

---

13. Au sens d'accomplir les exercices de louange nécessaires : la prière, la messe, etc., mais pas au sens de devenir une louange à la gloire de Dieu comme nous en parlions précédemment.

14. Je trouve ce texte si fort que je le cite, même s'il a déjà été cité par Jean LAFRANCE, *Ma vocation, c'est l'amour,* Paris, Éd. Médiaspaul, 1987, et par José FERNANDEZ DE RETANA AROSTEGUI, *Entrer dans la contemplation,* Paris, Éd. de l'Emmanuel, 1995, 1re éd., p. 230-231 ; 2e éd. p. 158-159.

15. On peut lire sur ce point saint JEAN DE LA CROIX, *La Nuit obscure,* dans : *Œuvres spirituelles,* Paris, Seuil, 1947, p. 547-668 et ses

nuit de l'esprit, on va beaucoup plus loin. C'est soi-même qu'on abandonne[16]. On va comprendre à quel point on est dépendant de Dieu pour l'être même. On a toujours plus ou moins tendance à se référer à soi. Ici, la racine de la vie va être touchée. Un de mes amis, ingénieur, qui ne manque pas d'humour, disait : « Dans les Premières Demeures, nous sommes à l'état solide ; avec la nuit des sens, nous passons à l'état liquide, mais avec la nuit de l'esprit nous sommes à l'état gazeux[17]. »

La nuit de l'esprit touche souvent la mémoire, la manière dont nous nous situons face à notre passé, face à notre présent et notre futur, tout notre système de références. Par exemple, on peut perdre presque entièrement la mémoire consciente de ce que Dieu a fait pour nous, de ce que nous avons fait pour les autres au nom de Dieu. Tout cela peut disparaître comme dans un trou noir. L'intelligence peut de même être touchée, du moins l'intelligence spirituelle, et plus précisément la conscience de l'action de Dieu. Pierre Goursat, fondateur de la Communauté de l'Emmanuel,

---

commentaires par Marie-Eugène de l'Enfant Jésus, *Je veux voir Dieu,* Venasque, Éd. du Carmel, 1988, ainsi que par sainte Édith Stein (Thérèse-Bénédicte de la Croix), *La Science de la Croix. Passion d'amour de saint Jean de la Croix,* Louvain-Paris, Nauwelaerts, 1957.

16. Le terme « esprit » doit être pris ici dans un sens élargi. Il ne s'agit pas seulement de l'intelligence ni de l'âme, mais d'une reprise de tout l'être à partir de son fond.

17. « Cette irruption divine produit une véritable révolution psychologique. Intelligence et volonté agissaient jusqu'alors d'après les lois de l'agir humain, c'est-à-dire se guidaient en suivant l'attraction de leur objet propre qui leur était présenté par les sens ou les autres facultés. Désormais elles sont soumises à la motion de Dieu qui leur vient des profondeurs de l'âme. Retournement psychologique : elles se mouvaient dans une interdépendance mutuelle et sous une influence qui venait de l'extérieur. Maintenant elles sont mues et la motion leur vient de celui qui habite dans l'essence de l'âme. » (Marie-Eugène de l'Enfant Jesus, *op. cit.,* p. 756-820.)

mort en réputation de sainteté, se disait absolument incapable de voir ce que Dieu pouvait faire en lui et il avait perdu l'essentiel de la mémoire de l'action de Dieu dans son passé. Il vivait en Dieu comme au présent, entre ses mains, sans pouvoir se raccrocher à autre chose qu'à lui.

Le but de l'opération est de ressentir l'incapacité radicale à être même un bon chrétien sans le secours constant de l'Esprit Saint. C'est pourquoi Dieu permet le retour de tentations que l'on croyait bien dépassées, et même de péchés parfois sérieux. Des esprits d'impureté, d'orgueil, de blasphème, peuvent attaquer l'âme. Celle-ci peut perdre le sentiment de la foi, de l'espérance, de la charité. Ne plus pouvoir s'appuyer sur Dieu parce qu'on ne le « sent » plus, ne plus se sentir protégé par Dieu, croire que sa main s'est éloignée et qu'on est exposé à n'importe quoi, croire qu'on n'a plus aucun avenir, ne plus trouver la force pour aimer, ce sont des choses qui atteignent très profondément. Un homme est capable d'affronter les choses les plus difficiles s'il est soutenu, et spécialement s'il sait que Dieu est avec lui. Mais si Dieu n'est plus là, si les autres s'éloignent, si nous ne pouvons plus compter même sur nous, que devenons-nous ?

Aussi se pose-t-on des questions très sérieuses sur soi. Le rapport avec soi-même est atteint. La question n'est plus : « Comment vais-je agir ? » ou « Que vais-je devenir dans la vie ? » mais : « Qui suis-je ? » On peut, dans ce contexte, se sentir extrêmement perdu. On descend dans sa propre estime ! On pensait gravir la montagne de la vie spirituelle, et on a le sentiment de plonger comme dans un abîme ! Qu'y aura-t-il au fond ? Cela est tellement différent, tellement plus terrible que ce que l'on avait vécu jusqu'alors. Le noyau même de la personnalité est peu ou prou mis en cause. On arrive au « point zéro ».

L'épreuve est si intime qu'il n'est pas facile de trouver de l'aide. Les conseils ne vont pas loin. L'amour simple et confiant de nos amis, la consolation d'une main tendue, sont souvent ce qui nous permet de tenir. Un peu comme Jésus à Gethsémani. Nous avons parfois besoin d'être consolés nous aussi, et ceux qui le font le mieux ne savent pas toujours tout le bien qu'ils nous font.

À la fin, on s'aperçoit bien qu'il n'y a que « Dieu seul ». Nous sommes rendus capables d'abandonner notre intelligence et notre volonté, notre mémoire et nos projets et, à travers tout cela, notre moi encombrant. Le « moi profond » est purifié. Tout est plus simple. Dieu est là et il m'aime, je suis là et je l'aime. Nous sommes Cœur contre cœur, comme Jésus et Jean. Nous sommes ensemble et je le contemple, quoi de plus ? Qu'il fasse de moi ce qu'il voudra.

Du reste, on finit par s'apercevoir que Dieu n'est pas absent, il n'est pas parti, il n'a pas reculé devant nos questions sur nous-mêmes et notre misère. Mieux encore : c'est la lumière même de Dieu qui nous brûle dans le fond de notre être. Elle nous introduit ainsi à la Sagesse nouvelle dont nous avons déjà parlé.

EXTRAITS DU « CANTIQUE DE L'ÂME » DE SAINT JEAN DE LA CROIX [18]

V

Ô nuit qui m'avez guidé !
Ô nuit plus aimable que l'aurore !
Ô nuit qui avez uni
L'aimé avec sa bien-aimée
Qui a été transformée en lui !

18. Dans Saint JEAN DE LA CROIX, *op. cit.*, p. 478.

VI

Sur mon sein orné de fleurs,
Que je gardais tout entier pour lui seul,
Il resta endormi,
Et moi je le caressais
Et avec un éventail de cèdre je le rafraichissais.

VIII

Je restai là et m'oubliai,
Le visage penché sur le Bien-Aimé.
Tout cessa pour moi, et je m'abandonnai à lui.
Je lui confiai tous mes soucis
Et m'oubliai au milieu des lis.

La science de la Croix

Quand Jésus est mort sur la Croix, il n'a pas agi, il n'a pas enseigné, il a offert. Jamais il n'a été plus grand, jamais son action n'a été plus féconde que dans ce sacrifice. Nous-mêmes n'avons aucune envie de souffrir et c'est bien normal. Je me méfie énormément des théories et déclarations pseudo-mystiques sur la souffrance. Mais, de fait, comme hommes, nous souffrons. On peut se le dissimuler, mais, en réalité, comme l'humanité souffre ! Et même si nous ne sommes pas gravement malades, un jour, nous mourrons, et ce sera une grande souffrance.

Jésus est très bon et délicat, mais il veut nous faire découvrir la science de la Croix. Celle-ci consiste à transformer les souffrances de cette vie en actes d'offrande. Cela n'est possible que par une grande union avec Jésus et un rapport avec le Père qui montre que celui-ci agrée notre don. Si nous sommes unis à Jésus, les souffrances sont plus faciles à porter, parce que la Croix est toujours mesurée à nos épaules : « Mon joug est facile à porter et mon fardeau léger. » Par contre, tout ce que nous vivons devient fécond.

Dans la vie chrétienne, il y a plusieurs sortes de souffrances. Certaines sont liées à la construction de notre être : nous souffrons de nos limites et résistances. D'autres sont liées aux nuits : c'est un peu la même chose. D'autres sont liées à l'offrande pour le salut du monde. Chez certains – malades, personnes âgées, mourants – cela peut être un appel direct de Dieu et même, comme pour Marthe Robin (1902-1981), prendre la forme d'une véritable vocation. Pour des ordres religieux comme les Passionnistes ou les ordres à spiritualité « victimale », cela fait partie de leur charisme. Mais chaque chrétien, à sa manière, est appelé à découvrir cette science de la Croix pour contribuer, en union avec Jésus, au salut du monde.

Amour et silence

Dans l'état d'union constante avec Dieu, de vie de famille avec lui, l'être humain est tout dans l'amour, et il s'éloigne aussi des bruits inutiles de la terre. Il reste citoyen de la planète, il y accomplit – et parfois mieux encore qu'auparavant – ses différents devoirs, mais au sein de son âme s'établit le silence doux et vivant de Dieu lui-même.

Cela suppose une certaine solitude du cœur. Ce qui ne signifie pas, encore une fois, un éloignement des hommes mais une bonne distance avec ce qui n'est pas intéressant pour le projet de Dieu. Un remarquable auteur spirituel écrivait : « Notre cœur est un temple plus grand que celui de Jérusalem. Nous devons être seuls dans ce temple avec Dieu et la Sainte Vierge : car celle-ci ne trouble pas la solitude avec Dieu, mais elle l'assure. Il faut qu'il y règne un grand calme : point de bruit, nulle discussion surtout [...] Une certaine capacité de silence extérieur et intérieur est requise pour que les âmes puissent se recueillir et se retrouver l'une l'autre dans le cœur de Jésus et de Marie [...] La lumière ne pénètre que les âmes pacifiques : la tranquillité est la première disposition requise pour que deviennent transparentes les profondeurs de l'esprit[19] » ; et le bénédictin Jean de Fécamp (vers 990-1078) : « À l'âme en paix et sainte, Dieu se laisse voir sans forme, entendre sans bruit, percevoir sans mouvement, toucher sans corps[20]. »

*

Il n'est pas besoin d'être grand clerc pour deviner que nous sommes ici devant, ou plutôt dans, un monde immense. Plus nous avançons, plus nous en sentons le mystère, plus nous parlons, plus nous nous rendons compte que nos mots sont courts, plus nous faisons d'expériences, plus nous voyons qu'elles ne disent que peu de choses de Dieu. Plus nous allons vers la lumière, plus nous voyons une nuit immense derrière le peu de jour que nous apercevons.

Mais au fond tout cela n'a plus d'importance. Dieu échappe à toute description. L'itinéraire qu'il nous fait emprunter ne nous sera jamais pleinement compréhensible. Pourvu que nous soyons contents d'être enfants de Dieu, pourvu que nous l'aimions et nous aimions les uns les autres, qu'importe notre ignorance ? Nous en savons assez pour avancer. On dit que saint Jean, à la fin de sa vie, ne savait plus que demander à ses disciples d'aimer. Sa vie ne s'était-elle pas concentrée sur l'essentiel ?

---

19. *Amour et silence, op. cit.*, p. 92, 106 et 109.
20. Voir aussi : Dom Anselm GRÜN, *Apprendre à faire silence*, Paris, DDB, 2001.

III

POUR MIEUX COMPRENDRE LA VIE SPIRITUELLE

La vie spirituelle n'est pas un itinéraire que chacun emprunterait sur une voie obligatoire. Elle est colorée par d'autres éléments.

Le premier est l'appel de Dieu sur moi personnellement, appel qui peut se placer au début de l'itinéraire ou bien plus tard, appel qui peut être lancé à nouveau dans le cours de la vie, spécialement à un certain âge. On parle même alors de « second appel ».

Cet appel trouve sa place dans un appel plus général qui est, éventuellement, l'insertion dans tel ou tel type de spiritualité particulière. Il y a de nombreuses familles spirituelles dans l'Église, et il est bon d'en dire un mot.

Un autre point est le rapport que nous entretenons avec ce qui nous gêne et nous ralentit, spécialement nos blessures. C'est une catégorie que l'on redécouvre aujourd'hui, et ce n'est pas par hasard.

Un autre, enfin, ce sont les phénomènes extraordinaires qui se produisent quelquefois. On dit justement que la vie spirituelle ne se réduit pas à ces phénomènes. Quelle est alors leur utilité ?

Dans la troisième partie de ce livre, je souhaite donc parler de ces éléments qui interfèrent dans la vie spirituelle à un stade ou à un autre de celle-ci, et qu'il serait méthodologiquement mal venu de placer ici plutôt que là. En fait, ils peuvent intervenir un peu n'importe quand et agir plus ou moins selon les périodes.

Je vais donc développer cinq points :

– la variété des itinéraires spirituels et l'appel personnel ;

– les spiritualités particulières ;

– le « second appel » ;

– les blessures ;

– les faits extraordinaires de la vie spirituelle.

6

La variété des itinéraires spirituels et l'appel personnel

Ce que nous venons d'écrire au cours des chapitres précédents n'est utile pour nous que si l'on demeure extrêmement ouvert à l'action de l'Esprit Saint. Celui-ci, en effet, ne nous donne pas des leçons à apprendre et des choses à faire, mais il s'occupe des personnes. Or, même s'il y a des points de passage et des grandes tendances, les hommes demeurent très divers et les projets de Dieu sur eux et, à travers eux sur le monde, sont toujours originaux.

Je viens de prononcer les mots : « projet de Dieu ». En effet, la vie spirituelle entre dans les plans de Dieu. Quel est le désir de Dieu sur telle ou telle personne ? Comment va-t-elle manifester auprès des hommes quelque chose de l'amour de Dieu ? Tout l'itinéraire spirituel est lié à cette question première.

La vocation unique de chacun

Chaque être humain a une mission particulière

Un être humain n'avance bien dans la vie que s'il sait qui il est, ce qu'il peut faire, et surtout ce qu'il veut faire. En d'autres termes s'il connaît sa mission personnelle.

En effet, au cœur de chaque être, dans le « moi profond », et ceci même en-dehors de la foi, il y a comme une lumière intime qui nous éclaire sur ce que nous sommes et ce que nous sommes appelés à faire, « un moniteur ou un sens intérieur, une conscience qui nous fournit une connaissance de notre propre unicité », selon le mot de Victor Frankl. C'est une sorte d'appel intérieur qui demandera de nous, si nous y répondons, un engagement total. Cette mission n'est pas une illusion ni un va-et-vient : elle est là. « La mission a quelque chose de permanent. Elle n'est pas essentiellement transformable au cours de la vie, bien qu'elle puisse se préciser, se concrétiser, s'étendre, profiter à un plus grand nombre de personnes[1]. »

Si nous n'y répondons pas, nous aurons toujours le sentiment obscur d'avoir raté notre vie. C'est sans doute la source de bien des douleurs et de bien des déviances. Par contre si nous découvrons notre mission – soit dans notre jeunesse, soit au moment de la « crise du milieu de la vie » sur laquelle je reviendrai –, notre vie prend un sens, un dynamisme. Nous faisons bouger le monde, même modestement. Je connais des exemples de personnes très simples qui m'ont décrit leur vie comme un succès et une joie parce qu'elles avaient rempli leur mission. On en a un bon exemple avec Monique, la mère de saint Augustin, dont le grand écrivain a répété les dernières paroles. Elle partait contente puisqu'elle avait accompli sa mission : aider son fils à se convertir. Si je puis me le permettre, je citerai le cas de mon propre père qui m'a adressé un dernier clin d'œil si malicieux et si doux avant de partir pour le grand

---

1. Jean MONBOURQUETTE, *À chacun sa mission,* Paris, Bayard, 2001, p. 21. Voir aussi Viktor FRANKL, *Découvrir un sens à sa vie avec la logothérapie,* Montréal (Québec), Les Éditions de l'Homme, 1988.

voyage. Il était ravi de son coup, il avait réussi sa vie, et il est mort content de lui.

Cet appel intérieur, redisons-le, se vit de façon souple et libre. Avant de voir comment il se traduit dans la vie spirituelle, je voudrais en finir avec deux attitudes très préjudiciables à toute vie intérieure.

Ne pas entrer dans des moules.
Ne pas être non plus des mollusques.

Le Père Jean Laplace, jésuite, qui a été un des bons accompagnateurs spirituels de ce temps, relevait les reproches que l'on faisait souvent autrefois à l'accompagnement spirituel[2]. On trouvait qu'il ne tenait pas assez compte du Saint-Esprit, voulant à tout prix faire passer les âmes par des sortes de moules. Ce danger existera toujours. En effet, nous fonctionnons à partir de modèles ; c'est vrai dans la société civile comme dans l'Église, et il ne peut en être autrement. Certains de ces modèles sont proposés par l'Église à travers les figures de saints canonisés ou les charismes des mouvements ecclésiaux qu'elle reconnaît. Tout cela est bien normal. La difficulté commence quand, au bout d'un moment, on se tétanise un peu et qu'on fige les choses. Dès lors, vous êtes prié de correspondre à l'idéal projeté sur vous. J'ai remarqué que cette tentation était universelle, touchant des personnes de sensibilités complètement différentes et des mouvements créés à des dates très diverses.

Or il ne peut en être ainsi. La vie spirituelle de chacun est unique. Elle avance, elle recule, elle prend parfois de fausses

---

2.- Jean LAPLACE, *La direction de conscience ou le dialogue spirituel*, Paris, Mame, 1965, p. 19-20 ; voir aussi les pages éclairantes de Dom André LOUF, *La grâce peut davantage. L'accompagnement spirituel*, Paris, Desclée de Brouwer, 1992, p. 17-20.

pistes. Elle est complexifiée par une multitude de choses que nous portons en nous : « Un discernement qui ne prendrait pas en compte la complexité des désirs qui travaillent chacun de nous, nous semble aujourd'hui suspect, à juste titre[3]. » Il n'est même pas utile, en général, de savoir bien où chacun en est. On peut donner des indications afin d'aider à franchir les seuils, mais il ne faut surtout pas fixer les gens ici ou là. De ce point de vue, tout guide a ses limites. Aussi, je partage l'opinion de José Fernandez de Retana Arostegui : « C'est une erreur psychologique et un manque de bon sens, de dire à une âme dans quelle Demeure elle se trouve, puisque tant que l'âme n'a pas atteint les Septièmes, c'est-à-dire l'union transformante, personne ne peut être sûr de rien dans la vie spirituelle. Les Demeures ne sont pas quelque chose de statique ni une situation acquise. Et cette erreur peut coûter très cher à ces âmes mal conseillées[4]. »

Rester modeste et prudent

> Quel est l'homme qui peut juger l'homme ? On fait partout des jugements téméraires. Celui dont nous désespérions se convertit tout à coup et devient excellent. Celui dont nous attendions beaucoup tombe brusquement et devient très mauvais. Ni notre crainte n'est assurée, ni notre amour n'est assuré.
> Ce qu'est aujourd'hui n'importe quel homme, cet homme-là lui-même ne le sait guère. Cependant il le sait un peu pour aujourd'hui. Ce qu'il sera demain, lui-même ne le sait pas.

Saint Augustin (354-430)[5].

3. Dom André Louf, *op. cit.*, p. 20.

4. José Fernandez de Retana Arostegui, *op. cit.*, 1re éd.,p. 211, 2e éd. p. 142.

5. Saint Augustin, *Sermon 46 sur les pasteurs*, dans *Corpus Christianorum, series Latina*, Turnhout, 41, p. 553.

À l'inverse, il serait grave d'admettre n'importe quoi et de s'affranchir de toute règle spirituelle, de tout projet de vie, de toute considération de l'appel intérieur, en se disant qu'on construit soi-même sa vie jour après jour et sans références. Ce serait même naïf, et l'on n'irait pas très loin dans la vie intérieure. On serait alors déstructuré, subjectif, affectif, comme des sortes de mollusques. Cette tentation-là a existé, existe et existera toujours. L'Esprit Saint ne parle pas toujours en direct à chaque instant et à chacun, il ne réinvente pas radicalement tout pour moi. Si je le pense, je vais plus mal que je ne le crois. Une communauté ou des accompagnateurs qui croiraient cela seraient, à mon sens, en danger.

Quel est l'appel de Dieu sur moi ?

Pour avancer, une chose importante pour une âme serait de savoir ce qu'au fond Dieu veut d'elle. Bien sûr, il y a cet appel personnel dont je parlais plus haut. Mais peut-il se combiner avec un autre appel qui le dépasse et qui vient de plus loin ? En d'autres termes, pouvons-nous savoir quelque chose de la volonté de Dieu sur notre mission, sur notre appel profond ? Je ne parle pas seulement de la vocation dans le monde, du sacerdoce ou de la vie religieuse. Dieu peut-il nous montrer quelque chose du regard unique qu'il porte sur nous ? Veut-il nous dire quelque chose du nom secret qu'il nous donne ? Si nous en savons quelque chose, la vie spirituelle se trouve grandement simplifiée, et nous franchissons alors les seuils avec plus de liberté et de décision. La question qu'il faut toujours se poser est : « Qu'est-ce que Dieu veut de moi, là où j'en suis ? » C'est la question fondamentale de toute vie spirituelle, alors que la question de savoir où j'en suis de mon itinéraire est inutile ou secondaire. Qu'est-ce que Dieu me demande ?

On pourrait dire les choses autrement. Jésus est infiniment riche dans sa personnalité et dans les aspects de sa mission de salut. Or chaque mouvement spirituel reflète un aspect de Jésus, mais non pas tous. C'est comme un diamant dont nous réfléchirions une facette – ou plusieurs si l'on veut, mais pas toutes –. Dans ce contexte, chacun de nous aussi reflète quelque chose de Jésus. C'est la beauté de la vie avec Dieu que cette immense variété. Pouvons-nous savoir ce que nous reflétons de Jésus ? Quel est le type de mission qu'il nous confie en dépendance de la sienne ? Quel type de rapport établissons-nous avec lui dans l'intime de notre « moi profond » ? Si nous le savons, et si nous y sommes fidèles, je crois que nous avancerons bien.

Quelques exemples d'appels

Pour mieux nous en convaincre, je voudrais donner ici quelques exemples d'itinéraires spirituels récents. Il est bien entendu que nous pourrions en trouver des dizaines.

Pierre-Bienvenu Noailles (1793-1861) : redonner au monde la grâce de la Sainte Famille[6]

Pierre-Bienvenu Noailles est né pendant la Révolution française dans une famille de commerçants bordelais ruinés par les guerres. Bien que baptisé, il ne reçut pas d'éducation chrétienne, et il fit sa première communion seulement à l'âge de vingt ans. Celle-ci marqua une véritable conversion. Déjà sa mission lui était apparue sur le plan strictement humain : il avait une personnalité de chef, et même de fon-

6. Bernard PEYROUS, *Le Père Noailles. Un prophète pour aujourd'hui*, Paris, Éd. Saint-Paul, 2001.

dateur, avec un esprit organisé pour être suivi par beaucoup d'autres dans ses entreprises.

La veille de sa première communion, dans la cathédrale de Bordeaux, Pierre-Bienvenu reçut une première grâce mystique, comme une sorte d'effusion de l'Esprit, qui le fit passer directement dans un autre monde : « Ce fut la veille de ce jour de bénédiction que s'étant arrêté à la chapelle du Mont-Carmel à Saint-André, il y reçut de Dieu une grâce telle que dans le moment[7] toutes les illusions du monde cessèrent pour lui, le bonheur du ciel emplit tellement son âme qu'il lui semblait qu'il avait en effet quitté la terre. » Trois ans plus tard, allant à Paris faire ses études de droit, il entre dans l'église Saint-Sulpice et, devant la statue de la Vierge du fond de l'église, il reçoit un appel au sacerdoce qui termine un débat qu'il avait vraisemblablement déjà engagé avec lui-même sur ce point : « Ce fut le coup de grâce. J'ai entendu sa voix, elle m'appelait, me désignait le chemin, j'ai tout compris. » Depuis cette date, il sait qui est la Vierge Marie et a compris expérimentalement l'étendue de son amour, de sa puissance, de son intérêt pour nous. Il ne cessera d'en témoigner par la suite.

Le temps de séminaire comprit une période de purification radicale. Il tomba malade et on crut bien qu'il allait mourir. Mais ce fut aussi le temps où, très jeune, il reçut sa mission. En 1818, priant dans la chapelle des Sulpiciens de Lorette, à Issy-les-Moulineaux, il reçut un « contact » mystique avec la Sainte Famille de Jésus, Marie et Joseph. Il comprit qu'ils étaient comme une petite Trinité sur la terre, une émanation de l'amour trinitaire qui redisait quelque chose de l'amour des Trois Personnes divines. Il comprit que cette grâce de la vie de la Sainte Famille pouvait être

7. C'est-à-dire aussitôt.

redonnée et qu'elle se traduirait un jour par une œuvre qu'il fonderait, où cet esprit d'amour et de famille serait revécu.

Revenu à Bordeaux, il ne tarda pas à découvrir que le plan de Dieu s'exécutait à travers lui très vite. L'Association de la Sainte-Famille commença dès 1820. Le 3 février 1822, dans une chapelle de l'association, à Bordeaux, Jésus apparaissait dans l'hostie à un certain nombre de personnes et les bénissait. Cette bénédiction miraculeuse, qui fit l'objet d'une enquête canonique, marque davantage encore la présence de Dieu dans l'œuvre naissante. Le Père Noailles était vraiment un homme qui exécutait les volontés du Seigneur.

Quarante ans après, à la mort du Père Noailles, l'association comptait des dizaines de milliers de membres. Ce fut une des fondations les plus originales et les plus novatrices de toute la période. Il la monta avec une astuce, une constance et un amour de saint et de génie. Il fut certainement l'une des grandes âmes d'une période qui en compta pourtant beaucoup, et sans doute l'une des plus originales.

Dans le cas du Père Noailles, il est difficile de situer les trois étapes de sa vie intérieure, car il était très discret sur ce point. Retenons cependant que sa mission lui fut donnée très tôt et que toute sa vie se passa à l'accomplir.

Pierre Goursat (1914-1991) : rebâtir le temple du Seigneur[8]

Complètement différent est l'itinéraire de Pierre Goursat. Celui-ci est certainement un des hommes qui aura contribué à renouveler l'Église en France – et même au-delà –, dans la seconde moitié du XXe siècle.

---

8. Hervé-Marie CATTA et Bernard PEYROUS, *Le Feu et l'Espérance. Pierre Goursat, fondateur de la Communauté de l'Emmanuel,* Paris, Éd. de l'Emmanuel, 1994.

C'était un Parisien fier de l'être, bien que sa famille fût d'origine provinciale. Son père avait abandonné sa mère avec ses deux enfants en bas âge. Il garda longtemps au cœur cette blessure d'un père absent. Il avait été élevé par sa mère et sa grand-mère, qui étaient deux femmes chrétiennes, travailleuses, aimant beaucoup le Cœur du Christ. Quand il eut douze ans, son petit frère Bernard, avec qui il avait une grande complicité, mourut en quelques heures. Ce fut pour lui un déchirement terrible. Il eut ensuite une période de recherche esthétique et intellectuelle qui l'éloigna de la foi et le rendit orgueilleux. Mais, à dix-neuf ans, atteint par la tuberculose, il dut interrompre ses études, et aller dans un sanatorium, au Plateau d'Assy, dans les Alpes. La jeune fille qu'il aimait contracta la même maladie et en mourut. Pierre se trouvait dans une impasse et se révoltait, quand un jour il eut le sentiment de la présence de Bernard qui lui disait : « Tu ne penses plus beaucoup à moi, c'est parce que tu es pris par l'orgueil. » Il se retrouva à genoux, au pied de son lit, priant, radicalement converti. Pierre avait rencontré Dieu. Il disait lui-même avoir reçu ce jour-là comme une effusion de l'Esprit. Il compris alors qu'il était appelé à la prière d'adoration, au célibat et à l'évangélisation. C'était en 1933.

Revenu à Paris, Pierre évangélisa dans les milieux les plus variés et sous les formes les plus diverses. Au moment de la seconde guerre mondiale, alors qu'on le poussait à s'orienter vers le sacerdoce, une de ses amies lui fit rencontrer le cardinal Suhard, archevêque de Paris, qui était habité par l'idée d'évangéliser le monde déchristianisé et fut l'une des sources de Vatican II. Il eut beaucoup d'influence sur Pierre.

Le temps de la guerre fut aussi pour Pierre celui d'une nouvelle grâce fondamentale. Un jour de 1944, il était poursuivi par un militaire allemand dans sa propre maison et sur le point d'être découvert quand il eut une parole intérieure venant de la Vierge Marie : « Sois paisible, tu es sauvé. » Par miracle, il ne fut pas découvert. Cette présence mariale introduisit dans son existence une nouvelle note de confiance, de douceur, de proximité agissante de Dieu

Après la guerre, Pierre continua sa vie d'adorateur, vivant pauvrement, priant beaucoup, avec un état de santé toujours précaire, travaillant comme critique de cinéma et y représentant la pensée de l'Église. Il prit sa retraite en 1970.

À cette date, l'influence catholique dans le monde du cinéma déclinait. On était en pleine crise de l'Église. Pierre avait voulu évangéliser, mais la société fuyait Dieu. Sa vie n'avait pas été un succès. Par contre, il avait énormément prié et adoré. Où en était-il à cette époque dans sa vie spirituelle ? À quel stade ? Comment le savoir ? Mais il avait longuement, dans le silence de l'adoration, posé les bases de la suite, sans en être conscient lui-même. Sa longue expérience de l'Église et des hommes l'avait également préparé. Il avait déjà les linéaments de sa mission et ce, depuis sa conversion. Mais sa mission elle-même ne lui avait pas encore été dévoilée.

C'est alors que le Renouveau charismatique arriva en France (1972). Pierre rencontra alors l'Esprit Saint comme une personne. Il en fut transporté de joie et reçut une nouvelle espérance sur l'avenir de l'Église. Il créa à Paris, avec Martine Laffitte (aujourd'hui Martine Catta) l'un des tout premiers groupes de prière du Renouveau. De cinq en 1972, le nombre des membres de ce groupe passa à cinq cents en 1973. Il donna naissance peu à peu à la Communauté de l'Emmanuel. Après des hésitations auxquelles mit fin une rencontre avec Marthe Robin, Pierre accepta d'en être le responsable, et il le demeura jusqu'à une aggravation de sa maladie en 1985.

Pierre donna le maximum de sa personne pendant une période d'une douzaine d'année seulement. Mais il eut un véritable génie de fondateur, écoutant les appels de l'Esprit, formant soigneusement les premiers membres de la communauté, évitant les obstacles les uns après les autres, lançant l'évangélisation dans toutes les directions, ancrant ses disciples dans la prière, se battant pour que le Renouveau ne sorte pas de l'Église et que celle-ci veuille bien l'accueillir. Il est probable qu'avec le temps son importance apparaîtra de plus en plus. Il sera certainement compté parmi les grands fondateurs de son temps.

Et pourtant, comment peindre son cheminement mystique ? Il est difficile de le connaître, car Pierre n'en était absolument pas conscient. Il vivait dans une grande pauvreté intérieure et extérieure. Il disait parfois : « Tant qu'on n'a pas compris qu'on est tous des pauvres types, il y a quelque chose d'essentiel qui nous manque. » Mais il voyait cela de manière très positive, car c'était justement un esprit extrêmement positif. Il ne voyait pas son âme, son œil intérieur était complètement occulté, et sa mémoire de même. Il avait du mal à s'exprimer et n'avait pas de charismes apparents, sauf celui de discernement. Il n'avait pas de santé et, le plus souvent, passait inaperçu.

Mais grâce à cela il ne se recherchait plus, il était largement transparent à la grâce de Dieu, disponible aux autres, et ne semblait pas retenir quoi que ce soit pour lui-même. Par contre, on voyait bien qu'il vivait devant l'Eucharistie et de l'Eucharistie. C'est par là que Dieu se communiquait à lui. Il vivait dans l'Esprit Saint qu'il connaissait bien. De plus en plus, il connut l'offrande de lui-même. Sa dernière fondation au sein de l'Emmanuel, la Croix glorieuse, une fraternité de personnes désirant offrir leurs souffrances, dit bien la dimension d'offrande et d'union à Jésus en Croix à laquelle il était arrivé. Tout cela pour l'Église qu'il aima passionnément et pour le Renouveau chrétien en vue duquel il épuisa ses forces.

Nous nous trouvons donc ici devant un personnage important, mort au surplus en réputation de sainteté, mais dont l'itinéraire est mystérieux. Par contre, nous connaissons sa mission dévoilée peu à peu : annoncer Jésus dans le monde de ce temps ou, en d'autres termes, rebâtir le temple de Dieu. C'est dans cette optique de vie nouvelle que tous les charismes et les grâces de Dieu lui furent donnés.

Marthe Robin (1902-1981) : dans le Cœur de Jésus pour une nouvelle Pentecôte d'amour[9]

Marthe Robin est très connue. C'est un personnage majeur, mais la littérature la concernant en est restée souvent à des aspects spectaculaires qui ne l'expliquent pas bien.

Marthe est née dans une famille paysanne, à Chateauneuf-de-Galaure (Drôme), dans le diocèse de Valence. La ferme se trouvait dans un hameau isolé, sur un coteau. Enfant vive, intelligente, gaie, elle commença assez vite à être malade. À l'âge de seize ans, elle fut atteinte par une encéphalite qui n'allait pas cesser de progresser et d'évoluer. Tantôt la maladie avançait, la clouant au lit et lui causant des souffrances horribles, tantôt elle reculait. Elle passa dix années à lutter contre ce mal implacable et à tenter de trouver un sens à sa vie. Marthe était alors peu aidée par son milieu, demeuré assez fruste, sans argent, sans amis, sans considération, sans soutien ni consolations. Ce fut un temps très dur d'isolement, d'ennui, de questionnement. Plus tard, elle disait qu'elle ne

9. « Marthe Robin, 1902-2002 », dans : *L'Alouette. Revue des Foyers de Charité*, n° 210, avril 2002.

souhaiterait à personne de passer par là où elle était passée : « Je me suis débattue avec Dieu... Je ne souhaite à aucune d'entre vous de lutter avec Dieu. » Elle avait heureusement gardé la foi et, dans le silence, Dieu la préparait.

La situation évolua brusquement lors d'une mission prêchée dans la paroisse en 1928. Elle reçut alors comme une sorte d'effusion de l'Esprit et comprit tout à coup sa vocation. Une vie nouvelle envahit son corps et son cœur. Tout s'éclaira et prit sens : sa pauvreté était devenue le lieu où Dieu pouvait agir et déployer sa grâce. Elle reçut du Cœur de Jésus en croix le sens de sa vie de malade : unie à celle du Christ, sa vie pouvait devenir féconde pour l'Église et pour le monde : « Le Cœur sacré de Jésus en croix est la demeure inviolable que j'ai choisie sur la terre. » Marthe fit le choix d'une vie conforme à celle de Jésus crucifié : lui ressembler, l'aimer jusqu'à la ressemblance. En d'autres termes, en s'unissant à Jésus, elle communiait aux souffrances du Christ et Jésus communiait à ses propres souffrances. Sa vie spirituelle ne se déroulerait plus à côté de la maladie mais au sein de la maladie. Nous pouvons identifier chez elle une réelle acceptation de la maladie au sein de la souffrance : « Après bien des années d'angoisse, après bien des épreuves physiques et morales, j'ai osé, j'ai choisi le Christ Jésus. » En acceptant de souffrir par amour, elle rendait sa vie féconde. Marthe comprit alors qu'elle avait reçu une vocation « victimale », c'est-à-dire d'offrande dans la souffrance d'amour.

Cette vocation fut colorée par un contact avec la Vierge Marie d'une force, d'une tendresse et d'une constance qui font de Marthe Robin une des grandes âmes mariales de son siècle. Elle vivait dans la familiarité de Marie qu'elle appelait « la maman ». Tout enfant, Marthe avait eu pour la Sainte Vierge une affection filiale : elle sera toujours pour elle mère et éducatrice : « C'est par Marie, avec Marie et en Marie que j'irai à Jésus et serai toute à lui. » Elle la connaissait si bien qu'elle inspira un certain nombre de théologiens, leur fournissant les sources d'une pensée renouvelée sur Marie.

Commença alors une période d'avancée et de recherches où, au milieu de nombreuses difficultés, la personnalité spirituelle de Marthe Robin se mit peu à peu en place. Jésus envahit progressivement toutes les zones de son être, avec une présence qui ne la quittait plus ni jour ni nuit, à laquelle s'ajoutait l'action émouvante de la Vierge Marie. Cette union se manifesta en 1932 par la stigmatisation qui la conforma davantage à Jésus en Croix. À partir de là, elle revécut chaque semaine la Passion du Christ. Durant cette même période, elle commença à découvrir qui était le Père. C'était une époque où l'on parlait peu de Dieu comme Père. Elle fit l'expérience de cet amour fort et, dès lors, ne cessa d'en témoigner autour d'elle. C'est sans doute, avec sa mariologie, un de ses grands apports à la spiritualité et à la pensée de son temps.

En 1933, le Seigneur lui dévoilait davantage sa mission dans l'Église : la fondation d'une œuvre nouvelle « pour l'extension de son règne dans toute l'Église et pour la régénération du monde tout entier par l'enseignement qui y serait donné et dont l'action surnaturelle et divine s'étendrait à tout l'univers ». En d'autres termes, Marthe était appelée à engendrer, par sa souffrance offerte, une communauté qui allait contribuer au renouveau de l'Église et du monde, ce qu'on allait nommer ensuite « une nouvelle Pentecôte d'amour ». Peu après, en 1936, elle rencontrait le Père Georges Finet, le prêtre qui allait l'aider à créer les Foyers de Charité. Ce fut une véritable aventure humaine et spirituelle.

Sa vie intérieure continuait à évoluer. Elle eut une grande

période de doutes et de combats au lendemain de la guerre, et dut passer par une remise en cause radicale d'elle-même. En 1948, tout était apaisé. Elle se dépouillait de plus en plus, mais elle était de plus en plus féconde. À la mort de Marthe Robin en 1981, les Foyers étaient présents dans le monde entier.

L'influence de Marthe Robin a été immense et a, en effet, correspondu à sa mission. Elle a reçu plus de cent mille personnes dans sa petite chambre, et bouleversé la vie de milliers d'entre elles. Elle a fondé les Foyers de Charité, renouvelé l'image de Dieu comme Père, encouragé à comprendre la mission maternelle de Marie dans le monde de ce temps, aidé un grand nombre de communautés nouvelles, relancé la dynamique de l'évangélisation. Dans notre monde où les hommes ne trouvent plus de sens à la souffrance, Marthe a donné un sens à la sienne en participant au mystère de mort et de résurrection du Sauveur de tous les hommes. On ne pourra pas écrire l'histoire religieuse de notre temps sans la rencontrer sans cesse.

Marie de la Trinité (1903-1980) : unie au sacerdoce du Christ[10]

Marie de la Trinité est un personnage qui commence à être un peu connu. C'est sans doute l'une des grandes mystiques françaises du XXe siècle. Elle faisait remarquer elle-même que saint Jean de la Croix, sainte Thérèse d'Avila, sainte Thérèse de Lisieux ou Élisabeth de la Trinité n'avaient pas vécu ce qui lui avait été donné, et c'est sans doute exact. C'est simplement une question d'appel personnel dans le plan de Dieu.

10. Marie de la Trinité, *Le Petit Livre des grâces*. Préface de sœur Christiane Sanson, Orbey, Arfuyen, 2002.

Paule de Mulatier était née d'une famille d'industriels catholiques de Lyon. Dès sa plus tendre enfance, elle sentit l'appel à la vie religieuse. Son accompagnateur spirituel la dissuada d'entrer au Carmel, alors qu'elle se sentait appelée à une vie contemplative, et elle s'orienta vers une congrégation nouvelle : les Dominicaines des campagnes, qui venaient d'être fondées dans le Jura par la Mère Saint-Jean. Elle joua un rôle très important dans la jeune congrégation, mais elle finit par faire une dépression très grave dont elle fut guérie en 1953. Elle reprit alors des fonctions importantes dans sa communauté, puis devint une psychothérapeute appréciée. Après avoir assisté la Mère fondatrice jusqu'à sa mort, elle vécut ensuite en ermite à Flavigny, en Bourgogne, avant de mourir d'un cancer en 1980.

Marie de la Trinité a reçu dans sa vie plusieurs grâces fondamentales, très précises, qu'elle consigna heureusement par écrit. Elles sont importantes pour notre propos, car elles dessinent le contour d'une vocation spirituelle profonde.

La première grâce eut lieu le 11 août 1929. Elle faisait une retraite avec sa communauté, retraite qui fut comme « une sorte d'agonie. C'était l'effondrement de tout, la perte non seulement des moyens que je désirais trouver dans la vie religieuse, mais aussi comme la perte de Dieu, l'angoisse, la crainte, le dépouillement de tout, je souffrais dans l'âme, dans toutes ses profondeurs, je n'ai jamais rien ressenti de semblable. Je compris ensuite que Dieu avait permis, voulu cela comme préparation, purification[11] ». Au cours d'un temps d'adoration, dans ce dépouillement si fort, elle fut alors « comme immergée en Dieu », en Dieu lui-même, dans la déité, comme elle disait. Puis elle reçut « la connaissance de la paternité divine, de Dieu et de Dieu Père », et la connais-

11. *Ibid.*, p. 33.

sance de l'amour du Père pour l'âme humaine : « … pas dans l'amour de l'âme pour Dieu, mais dans l'ineffable, l'inexprimable inconnaissable amour de Dieu pour l'âme ». Un peu plus tard, dans la même soirée, elle reçut une connaissance amoureuse du Fils et de l'amour inexprimable du Père pour son Fils, puis elle reçut une connaissance mystique de la Rédemption, du salut par le sang du Christ : « Je vis toute la miséricorde dans le sang, je vis que toute âme, dans la volonté du Père était purifiée, lavée, sanctifiée en ce sang par l'effusion mystique du Sang[12]. » Autrement dit, elle fit ce soir-là la rencontre de deux des Personnes divines, dont elle ressentit dès lors de la présence permanente en elle. Mais sa mission spirituelle n'apparaissait pas encore en pleine clarté.

Le 9 janvier 1940, Dieu se manifesta de nouveau à elle : « Je connus pour la première fois Notre Seigneur présent en moi avec toute la plénitude de son sacerdoce […] Il me découvrit […] les profondeurs de son sacerdoce et m'y plongea. C'est de l'ordre des grâces substantielles, qui atteignent directement et uniquement le *centre* de l'âme, et y laissent une empreinte ineffaçable qui pénétrera l'éternité[13]. » Le 3 janvier 1941, dans la même ligne du sacerdoce sauveur du Christ, elle se vit sauvée par le Sang de Jésus : « Mon passé fut comme un gouffre, et le Précieux Sang le remplit ; il remplit tout, et le gouffre disparut, et le Précieux Sang inonda tout […] Je regardai tant que je pus : le gouffre n'était plus un gouffre d'amertume et de péché, mais en toute sa profondeur et capacité il était devenu précieux comme le Sang, précieux par le Sang, et même c'est à cause de ce mal que le Seigneur avait choisi ce gouffre pour l'inonder du Sang[14]. » Après une

12. *Ibid.*, p. 38-44.
13. *Ibid.*, p. 64.
14. *Ibid.*, p. 70.

quatrième grâce, le 9 janvier 1941, elle reçut le samedi saint, 12 avril 1941, un appel à se consacrer à la Gloire de Dieu dans son sacerdoce : « J'ai vu alors un magnifique enchaînement, une splendide unité, une montée de Gloire, de tout en bas à tout en haut, par le sacerdoce du Christ : et c'est devenu tout simple[15]. »

En d'autres termes, Marie de la Trinité a reçu une vocation à l'intérieur de sa vocation religieuse. Cette vocation, dans son cas, était d'ordre mystique, et personne ne s'en est douté jusqu'à sa mort, sauf ses accompagnateurs spirituels. Elle a reçu un appel à s'unir au sacerdoce du Christ. Bien entendu, il ne s'agissait pas d'une ordination sacerdotale, mais d'une union dans l'offrande et la prière. Il lui a été donné de comprendre à quel point le monde est pécheur, mais aussi combien le Christ le sauve par son Sang précieux et combien cela réjouit le Cœur du Père. Elle a pu s'associer à ce mouvement d'amour du Christ qui a orienté et comblé toute sa vie comme par le dedans.

*

Les exemples que nous venons de citer concernent des personnes qui ont réussi leur vie et reçu de Dieu la mission préparée pour elles. Elles sont allés jusqu'au bout de celle-ci, soit par l'action extérieure, soit simplement par la prière et la vie mystique.

Pourtant, il ne faudrait pas croire que ce soient là des choses exceptionnelles. Chacun de nous est l'objet d'un appel analogue. Il faut prier Dieu de le manifester en son temps, désirer le connaître, et vivre dans l'amour et le don quotidien en attendant son dévoilement.

15. *Ibid.*, p. 81.

7

Les différentes spiritualités

L'APPEL de Dieu sur chacun se combine souvent avec un autre appel : celui de vivre dans une famille spirituelle particulière. Il y a ainsi dans l'Église un nombre important de « spiritualités » différentes. Ce n'est pas la même chose d'être un carme ou un bénédictin ou, pour un laïc, d'appartenir aux équipes du Rosaire ou au Renouveau charismatique. Pourquoi cela ?

Pourquoi des spiritualités particulières ?

L'explication est simple. Chaque spiritualité exprime un aspect particulier du mystère de Dieu et donne aux hommes de le vivre. Elle représente comme une facette particulière d'un diamant. Mais aucune n'est le diamant lui-même. Ou encore, chaque spiritualité est comme une porte d'entrée particulière dans le monde de Dieu. Chaque porte est différente, mais le but est le même. L'Église est ainsi comme une sorte de bouquet qui est beau par sa variété et son unité de fond.

Chaque spiritualité particulière est centrée sur des éléments vécus comme plus importants, sur des thèmes mobilisateurs, moteurs, à partir desquels découle tout le reste. Les unes sont basées sur le désir du salut des hommes, d'autres sur l'amour de la Croix du Christ, d'autres sur la confiance en Marie, d'autres sur l'urgence de l'œcuménisme, d'autres sur l'action de l'Esprit Saint, d'autres sur l'engagement dans le mystère de l'Église, etc. Normalement, tous ces éléments devraient se retrouver à doses différentes partout. Mais justement, comme dans les cocktails, ce qui fait la différence, c'est le dosage. Par exemple, Marie sera première dans les spiritualités liées à saint Louis-Marie Grignion de Montfort ou au bienheureux Père Chaminade, mais elle jouera un rôle autre dans une spiritualité œcuménique.

Ces diverses spiritualités sont importantes pour nous. En effet, il est bon que nous appartenions à une famille qui nous comprenne et nous soutienne. En voyant que d'autres vivent la même chose que nous, mettent l'accent sur les mêmes valeurs, ont les mêmes goûts spirituels, nous sommes encouragés, nous nous sentons mieux compris et conseillés. Parfois aussi, nous pouvons, tout en ayant une ligne spirituelle dominante, recevoir quelque chose de fort d'une autre forme spirituelle. Certes, il ne faut pas faire de confusion des spiritualités, ni non plus fonctionner d'une manière univoque sur le système du « ou… ou… ». Souvent, Dieu procède par le « et… et… ». Il fait apparaître les éléments différents pour les rapprocher et les unir quand cela est utile à son projet.

Il n'est pas question ici de traiter de toutes ces spiritualités. Il y faudrait un traité d'histoire entier. Par contre, à titre d'exemple, il peut être bon de parler de l'une ou de l'autre. Cela aide à se situer et à rechercher la sienne, ou plutôt à demander à Dieu de nous l'indiquer ou de nous y confirmer. Remarquons qu'aucune n'est, en soi, meilleure qu'une autre. Pour celui qui la vit comme il faut, toute spiritualité approuvée par l'Église mène à la sainteté. L'essentiel est que je sache quelle est la spiritualité que Dieu veut pour moi. Les querelles entre spiritualités sont inintéressantes. Ce sont des enfantillages et parfois elles ont même engendré des conséquences gravement dommageables pour l'unité de l'Église.

La spiritualité de l'École française

Le premier exemple que je voudrais prendre est celui du mouvement appelé, sans doute improprement, « École française », qui remonte au XVIIe siècle. En effet, les travaux d'histoire de la spiritualité montrent à quel point son influence a été forte dans l'Église, particulièrement à travers les prêtres[1] et de nombreuses fondations comme le Cénacle de sainte Thérèse Couderc ou la Sainte-Famille du Père Noailles. Le curé d'Ars, entre autres, en était imprégné. Mais de nombreux laïcs ont été touchés aussi et le sont encore, souvent d'une manière indirecte. Il s'agit en effet d'une manière profonde de vivre avec Dieu[2].

L'École française doit son origine à Pierre de Bérulle (1575-1629), l'une des personnalités religieuses les plus profondes de l'histoire de France, fondateur de l'Oratoire français et introducteur du Carmel thérésien dans ce pays. Il y a des hommes qui changent le monde autour d'eux. Bérulle fut de ceux-là. « Il était estimé comme un oracle, dit son disciple

---

1. Ainsi les sulpiciens fondés par Jean-Baptiste Olier, disciple de Bérulle, ont-ils formé des milliers de prêtres et influencé la spiritualité sacerdotale dans l'Église entière. On pourrait dire la même chose des eudistes de saint Jean Eudes, etc.

2. Jean GAUTIER, *L'esprit de l'École française de spiritualité*, Paris, Bloud et Gay, 1936 ; R. DEVILLE, *L'École française de spiritualité*, Paris, DDB, 1987 ; Y. KRUMENACKER et P. J. DU JARDIN, *L'École française de spiritualité. Des mystiques, des fondateurs, des courants et leurs interprètes*, Paris, Éd. du Cerf, 1998.

Bourgoing, et il semblait que l'esprit de Dieu parlât par sa bouche. »

La grandeur de Dieu et la petitesse de l'homme

Dans la première partie de son itinéraire personnel, Bérulle fut frappé par le simple fait que Dieu est Dieu et que l'homme n'est rien – ou plutôt qu'il n'est rien par lui-même, qu'il n'est quelque chose que référé à Dieu et dépendant de lui. Il avait donc de Dieu une vision très verticale, rappelant un peu ce que Jésus disait à sainte Catherine de Sienne : « Sache, ma fille, que Je suis Celui qui est, et que tu es celle qui n'est pas. » Plus près de nous, Maurice Clavel fera la même découverte, en lisant d'ailleurs Bérulle, et la transcrira dans le titre d'un livre : *Dieu est Dieu, nom de Dieu !*

Aussi Bérulle demande-t-il à l'homme une révolution copernicienne résumée dans cette simple parole : « Il faut premièrement regarder Dieu, et non pas soi-même. » En effet, nous construisons notre vie pour nous-mêmes d'abord. Mais nous oublions que nous ne sommes que des créatures, que nous ne nous sommes pas créés nous-mêmes, que nous ne subsistons à chaque seconde que parce que Dieu le veut, et que nous reviendrons à Dieu un jour. Notre vie, c'est Dieu. S'en rendre compte, c'est bouleverser l'ordre humain des choses et revenir à la « vertu de religion », c'est-à-dire à la manière juste de voir la vie, en mettant Dieu au départ et au centre de toutes choses. Pour cela, nous devons avoir un cœur qui reconnaisse cette réalité fondatrice : « Ce que notre très honoré Père, disait Bourgoing, a renouvelé en l'Église, autant que Dieu lui en a donné le moyen, c'est l'esprit de religion, le culte suprême d'adoration et de révérence. » Par adoration, il faut entendre la reconnaissance de Dieu comme Dieu maître et créateur de l'univers, associée à la louange pour tout ce qu'il nous a donné.

L'être humain est ainsi d'abord un adorateur. Nous ne sommes sur terre que pour adorer, non seulement par acte, mais par nature, par état, avec tout ce que nous sommes. Nous adorons Dieu au nom de la création dont nous sommes les prêtres, au nom de tous les hommes, et nous remercions Dieu de manière continuelle de ses bontés et de son amour pour nous. C'est le premier but de la vie humaine. Nous ne sommes rien par nous-mêmes, c'est vrai, mais quand nous entrons dans notre véritable vocation, qui est d'adorer Dieu, nous accédons, dès cette terre, à une incomparable grandeur.

La mission du Verbe incarné

Mais le problème, c'est que nous ne sommes pas vraiment capables d'aimer et d'adorer Dieu comme il le faudrait. Dieu est infini, et nous sommes tellement petits et incapables ! Le Père a alors envoyé le Fils sur la terre. Par sa venue et par sa mort, il a glorifié le Père comme personne ne pouvait bien évidemment le faire. Aussi Jésus est-il le premier adorateur. Toute notre adoration passe dès lors par lui. Nous sommes comme inclus dans le Christ pour toutes nos prières :

> « De toute éternité, il y avait bien un Dieu infiniment adorable, mais il n'y avait pas encore un adorateur infini [...] Vous êtes maintenant, ô Jésus, cet adorateur, cet homme, ce serviteur infini en puissance, en qualité, en dignité, pour satisfaire pleinement à ce devoir et pour rendre ce divin hommage. »

> « Jésus a été envoyé au monde afin qu'il rendît hommage à l'essence divine, et l'hommage digne de Dieu qui ne pouvait lui être rendu que par Dieu, car tous les hommages des créatures comme étant bornés et limités ne

sont pas dignes de Dieu et sont infiniment éloignés de son excellence. »

À travers un langage différent du nôtre, et qu'il faut bien se garder de juger, on comprend que toute la vie des hommes est liée à celle de Jésus. Bérulle a fait cette « rencontre personnelle » avec Jésus d'une manière éminente. Il a repensé toute sa vie, toute sa relation à Dieu, à travers celle-ci. Il a eu un tel contact avec lui qu'il ne parlait que de lui ou avec lui. C'est pourquoi le pape Urbain VIII a pu le nommer « l'apôtre du Verbe incarné ».

Aussi toute notre vie doit-elle être une union, ou, pour reprendre les mots de Bérulle, une « adhérence » à Jésus. Nous devons revivre en nous tout ce qu'il a vécu, parcourir dans notre âme les principales étapes de son cheminement, le revivre en nous autant que cela est possible. Il écrit :

> Nous devons incessamment unir notre vie à sa vie, et nos labeurs à ses labeurs, et avoir notre pensée si remplie de lui et de sa vie divine, de ses labeurs et de tout ce qu'il a fait et pâti, tant intérieurement qu'extérieurement, que nous n'ayons point de temps ni d'esprit pour penser à nous-mêmes, ni à nos peines.

Le sacrifice du Christ et le sacerdoce

Jésus a manifesté son amour au Père, l'a « glorifié » de la manière la plus grande par son sacrifice sur la Croix et sa résurrection. Le sommet de la louange et de l'adoration est donc l'hostie consacrée. Elle résume en elle tout ce qu'il y a de grand et de beau sur la terre :

> Dieu ne peut être honoré davantage que par cette divine hostie, car elle comprend en soi toute la religion et tout le culte de Dieu. Il n'y a sorte de louange, de respect et

d'hommage qu'elle ne renferme, et qui d'elle ne soit dérivé dans l'Église.

C'est dire l'importance de la messe qui est le mémorial de la Passion et de la résurrection du Christ. Saint Jean Eudes, précurseur de Vatican II, explique que, par le baptême, chaque chrétien est un prêtre qui loue Dieu au nom de l'univers. Mais le sacerdoce ministériel des prêtres est bien entendu différent et il unit ceux-ci au Christ sur un mode spécifique. De là une vision du prêtre et de la messe très belle, très exigeante aussi, et dont toute une partie demeure valable, une fois qu'on a réinterprété le langage.

L'École française est ainsi une forme de spiritualité moins connue que la spiritualité bénédictine, dominicaine, franciscaine, carmélitaine ou ignatienne par exemple. Mais elle conserve toute sa validité. La forme date, mais l'essentiel du fond est appelé à demeurer.

La spiritualité du mouvement des Focolari

Complètement différente est la spiritualité des Focolari. Né en Italie, dans le Trentin, durant la seconde guerre mondiale, le mouvement des Focolari est maintenant diffusé dans le monde entier et touche, sous des formes diverses, des millions de personnes à des degrés d'engagement très variables. Il doit son origine à un personnage dont le nom est actuellement très connu : Chiara Lubich. Sa spiritualité a été longuement vécue avant d'être analysée. On peut la résumer autour de quelques thèmes majeurs[3].

3. J.-C. Darrigaud, *Toute soif a son eau. Chiara Lubich et les Focolari*, Paris, Nouvelle Cité, 1978 ; M. Pochet, *Dialogue avec Chiara Lubich*, Paris, Nouvelle Cité, 1983 ; *Il movimento dei Focolari*, Rome, Città Nuova, 1986 ; Jim Gallagher, *Chiara Lubich. Dialogo e profezia*, Cinisello Balsamo (Milano), San Paolo, 1999.

Jésus au milieu de nous

Les Focolari attachent d'abord une grande importance à la présence effective, réelle, proche, de Jésus dans le monde des hommes : *Gesù in mezzo*, comme on dit en italien. Rien n'est plus éloigné de leur pensée que de le croire absent du monde qu'il a créé et de l'histoire dont il est le maître. Dieu est et demeure le Dieu proche, hier comme aujourd'hui. Et le « lieu » où il révèle sa présence d'une manière privilégiée est l'Eucharistie. Aussi le mouvement et sa fondatrice ont-ils un grand amour pour Jésus Eucharistie. Le mouvement ne serait rien sans la communion quotidienne, ou au moins fréquente, de ses membres, car il s'y opère une transformation spirituelle inexprimable du chrétien s'unissant à son Seigneur :

> L'Eucharistie [...] provoque une union du fidèle avec Dieu qui va bien au-delà de celle qu'opère le baptême : elle va jusqu'à une assimilation substantielle. Tout ceci naturellement doit être entendu de manière à respecter la distance entre Créateur et créature. Il n'y a pas fusion physique entre celui qui communie et le Christ, mais assimilation mystique, spirituelle et cependant réelle, qui permet justement de parler de « corps »[4].

Mais Jésus n'est pas présent seulement dans l'Eucharistie : il l'est aussi dans le frère, avec le frère : « Que deux ou trois soient réunis en mon nom, je suis là, au milieu d'eux » (Mt 18, 20). L'un des points forts du mouvement consiste précisément en cette redécouverte de l'amour de Dieu présent au milieu des hommes assemblés en son nom. Par voie de conséquence, l'amour fraternel a été comme redécouvert également et a pris des proportions nouvelles. Le charisme

4. Chiara LUBICH, *Jésus Eucharistie*, 3e éd., Paris, Nouvelle Cité, 1981, p. 61-62.

d'amour des frères est ainsi une des données fondamentales des Focolari : « L'amour de nos frères est le commandement de base. Un acte quelconque prend de la valeur s'il est fait par amour. Sans amour pour nos frères, tout ce que nous faisons est vide[5]. »

L'unité

Il y a, du reste, comme un mystère dans cet amour fraternel. Il ne faut pas s'en tenir en effet à des relations de surface, mais atteindre la zone profonde de celui qui est en face de moi. En d'autres termes, il faut « faire l'unité » avec lui. Nous touchons là à une autre grâce fondatrice du mouvement : l'unité. Charia Lubich est parfaitement nette sur ce point :

> Notre vocation spécifique est l'unité ; c'est la caractéristique du mouvement des Focolari. D'autres concepts, d'autres termes peuvent d'une certaine manière exprimer en un mot des façons différentes d'aller à Dieu, toutes divines et splendides... Mais pour nous, la parole qui résume notre spiritualité est l'unité. Elle contient en elle toute autre réalité surnaturelle, tout autre commandement, toute autre pratique et attitude religieuse[6].

Cette unité, c'est d'abord, bien évidemment, l'unité avec le Christ qui se réalise dans l'Eucharistie. Mais c'est encore l'unité avec le frère, dans laquelle la présence du Christ va se manifester :

> Si nous sommes appelés à l'unité, le chemin qui mène à Dieu passe donc, pour nous, à travers le frère. C'est par ce

---

5. Publié dans J.-C. DARRIGAUD, *op. cit.*, p. 123. Voir Judith PROVILUS, *Gesù in mezzo nel pensiero di Chiara Lubich,* Rome, Città Nuova, 1981.

6. Chiara LUBICH, *Pourquoi m'as-tu abandonné? Le secret de l'unité*, Paris, Nouvelle Cité, 1989, p. 10-11.

> passage, quelquefois aussi obscur et ténébreux qu'un tunnel, qu'on atteint la lumière. Dieu nous demande de parcourir ce mystérieux chemin pour aller jusqu'à lui[7].

Celui qui suit la spiritualité des Focolari est donc appelé à se vider, d'une certaine manière, de lui-même, de sa culture, de sa manière de penser, de son monde intérieur pour se faire « un » avec son interlocuteur. C'est une véritable ascèse que ce dépouillement constant, mais elle est possible parce que, par ce dépouillement, c'est Jésus lui-même qui grandit dans le cœur de chacun :

> Voilà la croix que nous devons choisir chaque jour, notre croix par excellence. Elle est vie pour nous et pour ceux que nous aimons. Si elle est partagée, elle devient vie au milieu de nous, Jésus[8].

Jésus abandonné[9]

En demandant cet abandon de nous-mêmes, le Christ demande beaucoup, mais il peut le faire parce qu'il l'a lui-même consenti le premier. Et c'est un autre point – en grande partie inédit – de la spiritualité et maintenant de la théologie du mouvement que cette intuition de « Jésus abandonné ». C'est une reprise et un approfondissement de la théologie de la Croix et de ses conséquences.

Pour Chiara Lubich, en effet, quand le Christ dit, sur la Croix : « Mon Dieu, mon Dieu, pourquoi m'as-tu abandonné ? » (Mt 27, 46), il atteint le fond de la déréliction à un degré à peine imaginable :

---

7. *Ibid.*, p. 21.
8. *Ibid.*, p. 21-22.
9. Chiara LUBICH, *Le cri. Jésus crucifié et abandonné dans l'histoire et la spiritualité du mouvement des Focolari*, Paris, Nouvelle Cité, 2000.

> Jésus abandonné est le modèle du pauvre en esprit. La pauvreté du Fils est telle que Dieu même lui manque, pour ainsi dire ; il n'en perçoit plus la présence. Jésus abandonné est le modèle du renoncement et de la mortification. Sa souffrance n'est pas seulement physique – le supplice de la croix –, son âme aussi vit le calvaire, puisqu'il doit renoncer à cette réalité chère entre toutes : l'union avec Dieu. Il s'agit ni plus ni moins pour Jésus, d'une renonciation totale à Sa personne d'Homme-Dieu[10].

Comme l'on voit, ce texte, qui n'est qu'un au milieu de bien d'autres, se prêterait à de longs commentaires. Il va très loin. C'est donc parce que Jésus abandonné est uni aux hommes par le sacrement de l'Eucharistie qu'il est en mesure de demander à ses frères cet abandon qui mène à l'unité.

Tout ceci a bien entendu des conséquences, et le mouvement les a déclinées au fil du temps sous la forme de mille actions en direction de l'œcuménisme, d'une « économie de communion », etc. Ces actions ont transformé la vie de milliers de personnes et ont eu des conséquences sur l'Église dans son ensemble, conséquences dont bénéficieront les générations à venir.

La spiritualité de la Communauté de l'Emmanuel

Plus récemment, on a vu apparaître dans l'Église d'autres formes de spiritualité, nouvelles mais s'insérant dans la grande Tradition de l'Église. Un exemple en est donné par la Communauté de l'Emmanuel[11].

---

10. Publié dans J.-C. DARRIGAUD, *op. cit.*, p. 111.
11. H-M. CATTA et B. PEYROUS, *Le Feu et l'Espérance, op. cit.*

Celle-ci se situe à l'origine dans le courant du Renouveau charismatique catholique. En 1972, le Renouveau, qui était né aux Etats-Unis quelques années auparavant, arriva en France. Quelques petits groupes de prière se constituèrent. Comme nous l'avons vu, l'un des tout premiers naquit à Paris avec Pierre Goursat, critique de cinéma à la retraite, et une jeune interne en médecine, Martine Laffitte (aujourd'hui Catta). Commencé avec cinq personnes, il en comptait cinq cent un an après et avait déjà dû se démultiplier. Assez vite, certains participants voulurent aller plus loin. C'est ainsi que naquit la Communauté de l'Emmanuel. Celle-ci se répandit rapidement. Elle fut reconnue officiellement par le Saint-Siège en 1998. En 2003, elle compte entre six et sept mille membres, dont cent soixante prêtres et davantage de sœurs consacrées ; elle est répandue dans soixante-cinq pays. Elle est l'une des communautés charismatiques les plus insérées dans l'Église. De nombreuses missions ecclésiales lui ont été confiées, en particulier des paroisses, et elle développe elle-même d'innombrables activités d'évangélisation sous des formes très diverses.

L'effusion de l'Esprit

Le fondateur de la Communauté de l'Emmanuel, Pierre Goursat († 1991) avait déjà cinquante-huit ans quand il rencontra le Renouveau charismatique, et il avait un long passé spirituel derrière lui. Mais quand il reçut la prière demandant à l'Esprit Saint de le renouveler intérieurement (l'« effusion de l'Esprit »), il devint comme un homme nouveau. Il avait « rencontré » l'Esprit Saint comme une personne.

Cette expérience a été faite après lui par des centaines de

12. Albert-Marie DE MONLÉON, *Rendez rémoignage. Le renouveau charismatique catholique*, préface du cardinal J.-M. Lustiger, Paris, Mame, 1998.

personnes[12]. Un jour, soit brusquement, soit à la suite de longues préparations silencieuses, la vie change. Dieu devient proche. Jésus, qui était loin, se rapproche tout d'un coup. On remet alors sa vie à Dieu, et l'Esprit Saint en devient le maître. Cela arrive à des personnes de tous âges, de toutes races, de tous états de vie, de tous niveaux spirituels et humains :

> L'effusion de l'Esprit correspond avant tout à une initiative de Dieu à travers laquelle il survient d'une manière spéciale, pour se manifester aux hommes comme une personne vivante et proche. Les personnes renouvelées par cette expérience découvrent ou redécouvrent le sens de leur baptême et de leur confirmation. Elles y répondent par une conversion, un changement de vie qui leur permet, progressivement, de mettre Dieu au centre de leur vie[13].

Cette expérience de l'effusion de l'Esprit donne une coloration particulière à la spiritualité de l'Emmanuel. Le sens de la vie devient positif. On croit en l'avenir de l'homme et de l'humanité, puisque Dieu y est présent. On se met à chercher en chacun ce qui peut être développé pour le bien. On est attentif aux charismes donnés par l'Esprit, et on essaie, non seulement de les mettre en œuvre, mais de penser l'évangélisation de ce monde à partir d'eux. En outre, si l'Esprit Saint agit aujourd'hui, c'est qu'il a un projet sur l'Église. Il a le désir de la renouveler, de la faire revivre dans les pays de vieille chrétienté, de l'étendre dans les autres. D'où une vision aimante et optimiste de l'Église, très éloignée des discours à la mode, d'où aussi le désir de l'aimer et de la servir sous toutes les formes possibles. L'effusion de l'Esprit est ainsi une mise en route : il n'y a rien de moins statique que la spiritualité de l'Emmanuel.

---

13. *Coutumier de la Communauté de l'Emmanuel, pro manuscripto*, 2e éd., 2002, p. 10.

Une autre conséquence de cette effusion est la louange. L'Esprit Saint est un esprit de joie et d'allégresse, c'est le Consolateur. Plus encore : il ouvre à la louange intra-trinitaire. Aussi, dans la perspective du Renouveau charismatique, la Communauté de l'Emmanuel est-elle une communauté de louange, d'action de grâces, de remerciement constant, dans la ligne de l'appel du Seigneur à « être toujours joyeux [...] et à rendre sans cesse grâce à Dieu » (1 Th 5, 16-18). Cette louange prend mille formes, depuis la louange éclatante des grandes liturgies ou assemblées de prière jusqu'à la louange en famille. Mais elle ne se limite pas à une pratique : c'est une manière de vivre. Toute l'existence est comme regardée à travers une vision de louange, elle devient un mode de la prière continuelle à laquelle les chrétiens sont tous appelés.

Cette louange ne fait pas « décoller » les membres de la communauté. Bien au contraire, elle s'incarne dans la vie quotidienne. L'Emmanuel, c'est Dieu-avec-nous dans les humbles tâches de la vie, c'est Dieu qui est venu en notre chair. Aussi la vie spirituelle n'est juste et agissante que si elle est incarnée d'une manière concrète et, oserait-on dire, pragmatique. Le nom même donné par Dieu à la communauté signifie bien cet appel à l'incarnation, à la manifestation de Dieu présent, au milieu des hommes, aujourd'hui[14].

---

14. « Voici que la Vierge concevra et enfantera un fils auquel on donnera le nom d'Emmanuel » (Is 7, 14 et Mt 1, 23). Dans ce nom « Emmanuel », Dieu avec nous, la vocation de la Communauté est tout entière inscrite. Pour apporter le salut aux hommes, le Christ-Emmanuel est venu dans le monde, il s'est fait proche, il s'est incarné. Pour les membres de la Communauté, « être Emmanuel » à l'image du Christ signifie vivre l'union à Dieu dans le monde, devenir apôtres et témoins de la miséricorde, accepter de mener une vie simple dans un esprit de pauvreté, prendre Marie chez soi. » (*Ibid.*, Préambule, p. 7.)

Adoration, Compassion, Évangélisation.

Pierre Goursat était un adorateur. « Il s'est consumé dans l'adoration », a-t-on pu dire à ses obsèques. Il passait plusieurs heures par jour devant l'hostie, et il a voulu que les membres de la communauté soient d'abord et avant tout des adorateurs, c'est-à-dire des hommes et des femmes de contemplation avant d'être adonnés à l'action.

> « Les membres de la Communauté de l'Emmanuel s'engagent dans toute la mesure du possible à un long temps d'adoration quotidien (adoration du Saint Sacrement quand c'est possible) » (*Statuts*, n° 15). Ce faisant, ils contemplent le Christ présent dans son Eucharistie qui donne sa vie par amour pour le salut de tous les hommes. Ils adorent non seulement pour eux-mêmes, mais pour tous les hommes. Ils ouvrent leur cœur à l'amour infini de Dieu pour que cet amour de miséricorde soit déversé sur le monde. Ils s'offrent eux-mêmes pour répondre à la soif d'amour que le Christ a exprimée sur la Croix (Jn 19, 28)[15].

Adorer Jésus dans l'hostie, participer à la messe, si possible chaque jour, ce n'est pas seulement accomplir des actes de piété, c'est se mettre de plus en plus dans une attitude constante, dans un état, de contemplation et d'adoration. L'adoration mène à un lent déssaisissement de soi-même, à un oubli de plus en plus grand de ses projets personnels et, par contre, à une entrée de plus en plus forte de Jésus dans l'âme. Il n'y a rien de plus humainement « inutile » que l'adoration. Demeurer là, sans rien faire, pendant de longs moments, c'est donner parfois l'impression de perdre un temps qui pourrait être mieux employé. Et pourtant c'est la source même de la vie. Sans adoration, l'action est courte et superficielle.

15. *Ibid.*, p. 11-12.

Un effet important de l'adoration est la « transfusion » des sentiments même du Cœur de Jésus. Mystérieusement, peu à peu, on pense comme lui, on sent comme lui. Et l'on ressent alors une immense compassion pour le monde, pour les hommes, particulièrement pour leur souffrance. On se laisse atteindre, on abaisse ses barrières de défense. Ce qui domine, très rapidement, c'est la douleur de voir les hommes mourir de faim, matériellement, mais plus encore spirituellement. C'est le cri de saint Dominique quand il priait dans la nuit, cri que Pierre Goursat redisait souvent : « Seigneur mon Dieu, miséricorde ! Que vont devenir les pécheurs ? »

> La vraie compassion de Jésus est de sauver les hommes créés par le Père. Devenir disciple de l'Emmanuel, c'est être brûlé du désir de contribuer avec Lui à ce que tous les hommes soient sauvés[16].

C'est donc de la compassion, elle-même branchée sur l'adoration, que naît l'action. Celle-ci prend la forme du désir d'évangéliser, de parler de Jésus, de ne pas rester muet face à la plus grande des pauvretés, celle de l'absence de Dieu. On ne peut pas rester passif, en simple témoin de la perte de sens du monde, on ne peut pas démissionner devant la faim des hommes, la faim de Dieu :

> L'appel du Saint Père à la nouvelle évangélisation ne fait que confirmer la vocation de la Communauté de l'Emmanuel à participer à l'accomplissement de la mission de l'Église dans le monde actuel[17].

Aussi l'Emmanuel est-elle une communauté de missionnaires. Sous toutes les formes, en famille, dans le travail, dans

---

16. *Ibid.*, p. 12.
17. Décret d'approbation des statuts, 8 décembre 1992.

les missions d'Église ou les actions propres à la communauté, on est appelé à témoigner de Dieu, tous états de vie confondus (laïcs, prêtres, consacrés et consacrées), dans la délicatesse donnée par Marie et avec le soutien de l'offrande des membres souffrants de la communauté.

Le Cœur de Jésus

Mystérieusement, dès 1975, la Communauté de l'Emmanuel s'est trouvée liée au lieu de Paray-le-Monial et au message du Sacré-Cœur de Jésus, qui y avait été révélé à sainte Marguerite-Marie de 1673 à 1675. *A priori*, rien ne destinait une communauté du Renouveau à entrer en contact avec cette forme spirituelle qui, alors, paraissait usée. Or le message du Cœur de Jésus a eu une influence décisive sur l'Emmanuel, et la communauté a contribué en retour à en renouveler l'annonce et la présentation[18].

Le message de Paray est d'abord lié à l'intériorité. Le cœur, c'est le centre de l'homme, le lieu du « moi profond ». Parler du cœur, c'est parler d'une religion du « fond », du spirituel, plutôt que d'une religion du faire. C'est aussi parler d'une union entre le Cœur de Dieu, c'est-à-dire le secret de son être, et le cœur de l'homme : nous sommes là dans une spiritualité de l'union. Le message de Paray est ensuite un message d'amour : « Voilà ce Cœur qui a tant aimé les hommes qu'il n'a rien épargné, jusqu'à s'épuiser et se consommer pour leur témoigner son amour. » C'est tout l'Évangile de saint Jean : Dieu est amour, la création est une œuvre d'amour, et la Rédemption atteint dans l'amour des

18. E. JACQUINET et B. PEYROUS, *La Communauté de l'Emmanuel et le Cœur du Christ*, dans *Le Cœur du Christ pour un monde nouveau*, Paris, Éd. de l'Emmanuel, 1998, p. 261-275.

sommets insoupçonnables. Ainsi, Paray est une déclaration d'amour de Dieu au genre humain.

Mais il y a dans le message du Cœur de Jésus une dimension que l'Emmanuel a découverte de plus en plus : c'est que l'amour n'est pas aimé. En effet, le Christ se plaint à sainte Marguerite-Marie de l'indifférence des hommes, spécialement à l'égard de sa présence aimante dans l'Eucharistie. Et à Gethsémani, au moment où le Christ aurait besoin d'être aidé, voire consolé par des amis, cette indifférence atteint un sommet. Aussi, la Communauté de l'Emmanuel veut consoler le Cœur du Christ. Ses membres veulent être proches de lui comme des amis et des frères. Il est bouleversant de penser que le Christ a voulu avoir besoin des hommes jusqu'à réclamer leur amitié. Et c'est dans l'adoration et la communion eucharistiques que cette amitié peut le mieux être manifestée. Ainsi, le message de Paray est-il plus que jamais d'actualité, car les sentiments du Cœur de Jésus ne changent pas et doivent être expliqués à tous les hommes de toutes les générations[19].

*

Répétons-le : les exemples que nous venons de donner ne disent que peu de chose de la richesse de l'histoire spirituelle de l'Église et des possibilités qu'elle offre à ses enfants. De multiples spiritualités coexistent. Ce n'est pas parce que certaines sont plus anciennes qu'elles ont moins d'actualité. « Vivante à jamais, disait Pierre Van der Meer, l'Église se

19. Cf. *Sainte Marguerite-Marie et le message de Paray-le-Monial*, Paris, Desclée, 1993 ; *Le Cœur du Christ pour un monde nouveau*, *op. cit.* ; *Pour une civilisation du Cœur. Vers la glaciation ou le réchauffement du monde ?*, Paris, Éd. de l'Emmanuel, 2000.

manifeste sous des apparences multiples. Elle vit dans l'oraison silencieuse des ordres contemplatifs, elle vit dans la souffrance du pauvre, comme dans la joie du don, elle vit tout aussi bien dans la splendeur des cathédrales ou dans d'humbles petites chapelles. » C'est vrai aussi de la variété des formes de spiritualité.

8

Le « second appel »

Un autre élément qui intervient dans notre itinéraire spirituel est tout bonnement la question du temps ou, si l'on veut, de l'âge que nous avons. La vie de l'être humain ne se déroule pas, on le sait bien, de manière purement linéaire. Il y a des avancées et des reculs. Mais il y a aussi des occasions de « seconde chance », durant lesquelles notre vie spirituelle peut se « reconfigurer » et faire des bonds de géant. C'est certainement le cas de cette période que l'on nomme la « crise du milieu de la vie », et que nous appellerons ici le « second appel ».

La vie spirituelle et les âges de la vie

La vie spirituelle se coule dans les âges de la vie sans en être complètement dépendante : ce n'est pas parce que l'on est âgé que l'on est plus saint. Des jeunes, des enfants, peuvent être bien plus avancés dans la vie spirituelle que des vieillards. Cependant, quand une personne a fait le choix de Dieu, l'Esprit Saint utilise le temps. Il faut en effet bien du temps, plus ou moins selon chacun, pour se convertir à une vie d'unité profonde avec Dieu. Sainte Thérèse d'Avila disait un jour très justement : « Nous sommes si lents à faire à Dieu le don absolu de nous-mêmes que nous n'en finissons pas de nous préparer à cette grâce[1]. »

En effet, dans chaque vie, des passages délicats sont à franchir, certains douloureux, nous touchant plus ou moins profondément. À chaque fois, le Seigneur est présent, et nous appelle plus près de lui. (« Passerais-je un ravin de ténèbres, je ne crains aucun mal car tu es près de moi », Ps 23, 4). Ces passages sont normaux : perte d'un père ou d'une mère, ou d'un autre être cher, inadéquation professionnelle, départ des enfants du foyer, crise du milieu de la vie, départ à la retraite, etc. Comme hommes, nous pouvons être secoués ; comme chrétiens, nos relations à Dieu peuvent changer ; si nous appartenons à une communauté ou à un mouvement quelconque, il y a souvent des remises en question. Or ces crises humaines sont une chance spirituelle. Elles peuvent aboutir à des échecs et à des démissions, alors qu'on croyait la vie bien engagée, mais elles peuvent mener, à l'inverse, à un basculement, un nouveau départ, un second appel. Au milieu de la vie, la vie peut changer.

Je ne veux pas parler ici de chacun des âges de la vie[2]. Je voudrais me limiter à un seul, car l'expérience m'a montré qu'il pouvait être décisif pour un basculement spirituel dans un sens ou dans un autre. Je veux parler du milieu de la vie. Je ne prétends pas dire quoi que ce soit de nouveau sur ce

---

1. SAINTE THÉRÈSE D'AVILA, *Vie écrite par elle-même*, chap. XI, dans *Œuvres complètes*, *op. cit.*, p. 69.

2. Voir sur ce point deux ouvrages importants : Thomas PHILIPPE, *Les desseins d'amour de Dieu sur l'homme*, Trosly-Breuil, Les Chemins de l'Arche, 2e éd., 1986 ; *Vers la maturité spirituelle*, par un Chartreux, Paris, Presses de la Renaissance, 2002.

point, mais simplement signaler une nouvelle fois son importance pour la vie intérieure.

Dans cette approche, je m'appuierai sur des auteurs qui ont déjà étudié la question. D'abord, un fondateur contemporain, le Père Voillaume, qui écrivait aux membres de sa communauté, les Petits Frères du Père de Foucauld[3], où il constatait l'émergence de ce phénomène. Je reprendrai ici sa terminologie et une part de ses analyses. Je les compléterai par des réflexions d'un abbé bénédictin allemand, Dom Anselm Grün, qui a consacré un livre à *La crise du milieu de la vie*[4]. Lui-même s'appuie sur des textes éclairants d'un mystique allemand du Moyen Âge, Tauler (1300-1361), et du psychiatre viennois Carl Gustav Jung (1875-1961). C'est au moins la preuve que le sujet a retenu l'attention d'un certain nombre de personnes. J'y joindrai aussi une réflexion qui avait été faite dans le cadre de la Communauté de l'Emmanuel par Louis-Gabriel et Omblyne de Jerphanion et moi-même[5].

Le « second appel » se présente comme une pièce de monnaie avec un côté pile et un côté face, un côté obscur et un côté lumineux. Je vais commencer par le côté pile, le côté obscur, car on comprend mieux de la sorte ce qui se passe. Mais je retournerai ensuite la pièce pour examiner le côté face, le côté de la lumière, qui est le plus important.

3. J. VOILLAUME, *Lettres aux Fraternités,* I, *Témoins silencieux de l'amitié divine,* Paris, 3e éd., 1960, p. 11-45.

4. Dom Anselm GRÜN, *La crise du milieu de la vie. Une approche spirituelle,* Paris, Mediaspaul, 1998. Traduction française de l'original allemand, paru sous le titre : *Lebensmitte als geistliche Ausgabe,* Vier Türme-Verlag, abbaye de Münsterschwarzach.

5. Voir aussi Jacques GAUTHIER, *La crise de la quarantaine,* Paris, Le Sarment-Fayard, 2000.

Quand et comment se présente le « second » appel ?

Le « second appel » est en fait comme une nouvelle naissance, après le temps de la jeunesse.

Le temps de la jeunesse

La jeunesse est le temps des grands choix : type de travail, mariage, vie consacrée, appel dans un engagement d'Église ou une communauté. Ces choix sont soutenus par la facilité du don, l'inexpérience des limites, la capacité à se laisser bousculer et entraîner par l'exemple de ceux qui nous entourent et nous précèdent. Il y a une correspondance entre la générosité propre au tempérament de cet âge et l'appel de Jésus à tout quitter pour le suivre. On reçoit de grandes grâces, on évangélise, on fonde, on trouve le roc sur lequel bâtir les fondations de sa vie.

Les faiblesses propres à cet âge peuvent être de plusieurs types. Il y a, bien sûr, l'inexpérience, mais aussi la difficulté de respecter ce qu'il y a de bon dans la soumission. En fait, sans le savoir, on compte beaucoup sur soi. Le sensible a une grande part. Le corps, même s'il est disponible pour le don, demande aussi. L'impatience du résultat palpable peut nous faire passer par des hauts et des bas. L'insécurité affective ou matérielle, qui peut être un moteur, peut aussi entraîner de grands coups de frein.

Le Père Voillaume, qui avait une grande expérience de la vie spirituelle en général et de la vie communautaire en particulier, a écrit des choses justes sur cette période : « Dans la première étape nous n'avons pas fait encore l'expérience de l'*impossibilité* humaine et naturelle où nous sommes de vivre en harmonie avec l'ordre surnaturel des conseils[6]. Dans la jeunesse, il y a en effet comme une correspondance entre la générosité propre au tempérament de cet âge et l'appel de Jésus à tout quitter pour le suivre [...] D'ailleurs la pédagogie divine du maître qui nous appelle contribuera elle-même à nous entretenir quelque peu dans une illusion provisoire[7], sans laquelle peut-être personne n'aurait le courage de tout quitter pour suivre Jésus et porter sa croix[8]. »

En d'autres termes, on croit que tout est possible ; on avance avec courage, mais, inconsciemment, on reste très attaché à soi. On n'a pas pris la mesure exacte de ses faiblesses et de son péché. Mais, observe le mystique Tauler, « l'homme peut faire ce qu'il veut, s'y prendre comme il veut, il n'atteint pas la paix véritable, il ne devient pas un homme du ciel, selon son être, avant d'avoir atteint la quarantaine. Auparavant, il est accablé par toutes sortes de choses, ses penchants naturels l'entraînent de-ci de-là ; et ce qui se passe en lui est bien souvent sous leur domination, alors qu'on s'imagine que c'est tout entier de Dieu ; avant cet âge, il ne peut atteindre la paix en vérité et en plénitude, ni être pleinement du ciel[9]. » Autrement dit, chez l'homme le plus saint et le mieux conformé, il faut du temps pour faire les choses et se débarrasser du fond d'égoïsme et d'orgueil qui nous encombre. On se croit radical, on veut l'être mais,

6. Des conseils évangéliques, c'est à dire du chemin vers la sainteté.

7. Le terme « illusion » ne doit pas être pris comme la conséquence d'une erreur, d'un mauvais fonctionnement de l'esprit. Il s'agit simplement de reconnaître qu'il y a une pédagogie divine, que Dieu ne dévoile ses plans que peu à peu, car nous ne pourrions pas supporter que tout nous soit montré d'un seul coup.

8. J. VOILLAUME, *op. cit.*, p. 13.

9. Cité par Dom Anselm GRÜN, *op. cit.*, p. 11.

en fait, on demeure partagé. Et un jour, la réalité cachée sous nos belles apparences nous rattrape.

Cela ne veut pas dire que, durant cette première partie de notre itinéraire, il n'y ait pas d'épreuves. Il y en a pour différentes raisons : d'abord, le fait de se construire suppose un effort qui peut faire mal ; ensuite, il y a nos blessures qui ne sont pas toutes guéries ; enfin, il y a les épreuves spirituelles, comme les « nuits », qui se produisent souvent dans cette période. Mais nous surmontons tout cela, au fil du temps, par la grâce de Dieu. Nous pouvons avoir alors le sentiment que nous sommes des personnes « bien », si l'on ose dire. Mais ce n'est pas la vérité la plus profonde. Il reste du travail à faire. D'une part, on ne se voit pas encore complètement en vérité, et d'autre part, quand on se découvre des faiblesses, on est souvent très dur avec soi.

Bien entendu, il ne faut pas lire cela avec un regard désabusé en se disant que la jeunesse est le temps de l'illusion, même spirituelle, et qu'on est nécessairement dans une certaine erreur. Non. La jeunesse est le temps du don. C'est cela qui est important.

Le temps de la remise en cause

Avec l'âge, apparaît une nouvelle attitude, celle de la sagesse, qui va permettre de voir les choses de plus haut. Mais la première des choses qu'on aperçoit, justement, c'est la part de péché et les limites qui demeurent en nous. Et cela se produit d'une manière assez curieuse.

Pour entrer dans le « second appel », il faut du temps. En général, pour ceux qui sont dans une communauté, un certain nombre d'années de vie communautaire sont nécessaires, et un minimum d'âge. Disons qu'il serait très exceptionnel chez des personnes de moins de trente-cinq ans et de moins de dix ou quinze ans de vie communautaire. Parfois, il touche même des personnes ayant vingt ans et plus de vie communautaire. Il y a l'heure de Dieu ! Pour autant, il ne faut pas en faire une nécessité absolue et comme une obligation. On peut aussi mener une vie communautaire féconde et heureuse sans le ressentir.

> Avec le temps et la grâce du Seigneur, dit le Père Voillaume, insensiblement, tout va changer. L'enthousiasme humain fait place à une sorte d'insensibilité pour les réalités surnaturelles ; le Seigneur nous semble de plus en plus lointain, et nous sentons à certains jours comme une lassitude nous gagner ; nous sommes tentés plus facilement de prendre notre parti de moins prier, ou de le faire par manière d'acquis. La chasteté nous cause des difficultés que nous n'avions pas envisagées ; certaines tentations sont nouvelles ; nous sentons en nous comme une lourdeur, nous cherchons plus facilement des satisfactions sensuelles. Par ailleurs nous aurions tendance, instinctivement et sans même le remarquer ni y voir du mal, à mener une vie un peu plus indépendante, sans tenir compte de nos responsables. L'ouverture nous semble moins nécessaire, la charité plus difficile [10].

Reprenons quelques manifestations de cette crise. Nous constatons une sorte de lassitude, de dégoût, au minimum de lourdeur, de moindre facilité à vivre nos engagements, de diminution d'enthousiasme, parfois d'amertume. Cela est lié à un retour sur soi, sur ses problèmes personnels, ou de couple, ou de famille, au sentiment que ce qu'on a fait

10. J. VOILLAUME, *op. cit.*, p. 16-17.

jusque-là n'a pas été si utile que ça. Citons pêle-mêle quelques expressions :

« Mes projets n'ont pas été reconnus. »

« Je ne suis pas vraiment converti. »

« J'ai épuisé tout ce que ma famille (mon travail, ma communauté, mon engagement d'Église...) pouvait me donner. »

« Si les autres savaient ce que je suis vraiment. »

« Que vais-je devenir ? »

« Je ne suis plus utile. »

« Je ne suis plus reconnu, on ne tient pas compte de mes compétences. »

« La paroisse, (mon mouvement, ma communauté...) n'est plus gouvernée. »

« Me suis-je trompé dans mes choix ? »

« Je suis blessé par ma famille (mon lieu d'engagement, ma communauté...). »

« J'ai découvert les défauts de mes frères, et ce n'est pas beau ! »

« On me laisse tomber. »

« Je me suis engagé, au fond, pour faire plaisir plus que par choix personnel. »

« Je n'avance pas, je recule. »

« Je prépare ma retraite. »

Etc.

On pourrait multiplier les phrases de cet ordre[11]. Il ne faut cependant pas tout s'appliquer à soi trop rapidement.

11. Tauler écrit : « Toutes les pensées saintes et les images aimables et la joie et la jubilation et tout ce que Dieu avait bien pu lui offrir, tout cela

Quand, en médecine, on étudie les maladies tropicales, il arrive qu'on se découvre tous les symptômes de ces maladies, même si on n'a jamais mis les pieds dans les pays tropicaux. On n'a pas tout à la fois.

Mais il arrive en effet qu'une partie de cela soit vrai. On est alors plus ou moins envahi par des sentiments de critique, de dégoût, de pessimisme, alors qu'on croyait en avoir bien fini avec des attitudes intérieures de ce type. On prend du recul, au moins intérieur. On est pesant à soi et aux autres. On s'attire des réflexions dans le genre : « Mais, papa, je ne te reconnais pas » ; « Chéri, je te trouve changé depuis quelques temps » ; « Tu as perdu le feu de ton sacerdoce (ou de ta vie consacrée) » ; etc. À la fin, on se demande si on n'est pas tout simplement en train de faire des compromis avec son idéal, de s'affadir. Or, dit le Christ : « Vous êtes le sel de la terre. Mais si le sel vient à s'affadir, avec quoi le salera-t-on ? Il n'est plus bon à rien qu'à être jeté dehors et foulé aux pieds par les gens » (Mt 5, 13).

Comment réagir ? Les mauvaises réactions

Devant cette situation, on réagit, naturellement. Mais, dans un premier temps, la réaction est rarement adaptée, opportune. On est troublé. Et ce d'autant plus que, souvent, il n'y a pas, au départ, de faute de notre part dans ce qui se passe. On a fait ce qu'on croyait devoir faire. « Ce qui est encore plus déroutant, dit le P. Voillaume, c'est que, plus nous aurons été généreux et fidèles à la grâce, plus ce chemin

lui semble à présent être choses bien grossières et il se sent exclu de tout, si bien qu'il n'y trouve plus aucun goût et qu'il n'a plus aucune envie d'y rester ; ce qu'il a, il n'en veut pas et ce qu'il veut, il ne l'a pas, et le voici donc coincé entre deux extrémités, dans une grande douleur et tourmente » (cité par Dom Anselm GRÜN, *op. cit.*, p. 14.).

nous paraîtra impossible[12] ! » Autrement dit, notre passé spirituel, si beau soit-il, n'est pas adapté, ne nous aide pas autant qu'on pourrait croire. On voit bien là que nous n'avons pas réponse à tout. Dès lors, il y a divers types de mauvaises réactions possibles.

La tentation du compromis

Le Père Voillaume a parfaitement exprimé cette tentation du compromis :

> Le risque de la durée est pour nous, comme pour toute entreprise humaine, celui d'une certaine usure de l'idéal poursuivi et de l'effort fourni pour le réaliser, usure qui nous amènerait à prendre notre parti de la médiocrité dans la sainteté. Avec le temps et la maturité de l'âge vient la tentation d'un compromis entre les exigences surnaturelles de l'amour du Seigneur et celles de notre personnalité d'homme adulte. Chaque année voit un plus grand nombre d'entre nous arriver à cette étape de la vie spirituelle, étape où doit s'effectuer une dernière fois le choix entre Jésus et le monde, l'héroïcité de la charité ou la médiocrité, la croix ou un certain confort, la sainteté ou une honnête fidélité à l'engagement religieux. C'est aussi à cette même maturité qu'arrive la communauté elle-même des Fraternités du Père de Foucauld[13].

C'est vrai également dans chaque engagement, mouvement ou communauté. Je peux faire les services, je peux vivre les engagements parce qu'il faut le faire, mais j'en perds le sens. D'une certaine façon, cependant, cela m'arrange de continuer, car je suis en sécurité, je suis tenu. Je suis moins mal qu'ailleurs. Je suis affaissé, mais je vis. Ou du moins je survis. Mais qu'on ne me parle plus de la radicalité !

12. J. Voillaume, *op. cit.*, p. 19.
13. *Ibid.*, p. 11-12.

La fuite

Une autre manière de mal réagir, très classique aussi, est la fuite. Dès le Moyen Âge, on s'était aperçu que, dans cette étape de la vie spirituelle, c'était une grande tentation. On n'ose pas affronter le problème en face. Dès lors, on le fuit. Pour cela, il y a plusieurs manières de procéder, d'ailleurs assez liées entre elles :

La fuite en avant : « Parce qu'il ne veut pas se réformer lui-même [le religieux] veut réformer le couvent, dit Tauler. Il projette vers l'extérieur le mécontentement qu'il éprouve vis-à-vis de soi et il obstrue, par des réformes extérieures, l'accès au fond de son âme[14]. » Autrement dit : « Si je ne vais pas bien, c'est la faute des autres (ou de la communauté). Je vais m'occuper d'eux pour que cela change. » L'esprit de critique réapparaît et se développe, le regard positif disparaît, on devient vite insupportable, on trouve cependant plein de bonnes raisons pour se justifier, alors qu'en réalité on s'enferme.

La fuite vers de nouvelles formes de vie spirituelle. Cela, c'est assez classique. « L'effusion de l'Esprit ne me suffit pas, je veux plus. Les formes spirituelles de la communauté ne me suffisent pas, j'en cherche d'autres. » Les phénomènes de mode peuvent jouer en ce domaine, même à l'intérieur de la communauté. On est tout content d'avoir trouvé du nouveau mais, un moment après, cela ne suffira plus.

Ou bien la fuite de l'engagement, du mouvement, de la communauté tout court.

Bien entendu, cela ne veut pas dire qu'il faille se figer et ne pas chercher la volonté de Dieu manifestée et renouvelée.

---

14. Dom Anselm GRÜN, *op. cit.*, p. 17-18.

Mais dès qu'on rompt l'unité, il y a des questions sérieuses à se poser sur soi.

Le blocage

> Une autre manière de réagir à la crise consiste à ne pas bouger, à se bloquer devant l'existence d'un nouveau pas sur le chemin de son développement et à s'accrocher à son mode de vie antérieur. Au plan psychologique, cette réaction conduit à se mettre à cheval sur les principes, à se retrancher derrière eux afin de masquer sa peur. Au plan religieux, le blocage se traduit par un raidissement dans la poursuite des exercices de piété antérieurs[15].

Cette fuite vers les pratiques formelles pourrait arriver : « Je ne sais pas ce qui m'arrive, alors je me cramponne à mes engagements, même si je n'en comprends pas le sens. » Il y a de fait, du bon sens à ne pas changer tant qu'on n'est pas sûr qu'il faille le faire, mais on n'est pas obligé de se tétaniser pour autant.

On pourrait sans doute trouver d'autres manières de réagir ou d'autres expressions des types de réaction décrits ci-dessus. La colère, par exemple, est certainement parfois une forme de fuite. Par ailleurs, on peut aussi en combiner plusieurs, en même temps ou successivement.

Bien entendu, tous les problèmes que peuvent connaître éventuellement les anciens ne viennent pas tous du « second appel ». Il y a un discernement nécessaire à faire en lien avec l'accompagnateur. Mais il faut se poser la question du « second appel » si les symptômes cités plus haut sont observés.

---

15. Dom Anselm GRÜN, *op. cit.*, p. 21.

Comment réagir ? Les bonnes réactions

Que fait Dieu ?

Dans tous les cas, restons calmes et allons maintenant plus loin. C'est là que Dieu nous attend. Ce qui précède n'a de valeur que pour déblayer le terrain. Comme le dit si bien le Père Voillaume :

> Surtout, je voudrais que vous soyez persuadés que ce découragement, cet alourdissement de votre vie spirituelle, dont vous sentez la tentation ou même l'amorce au-dedans de vous, *n'est pas l'indice de la fin de quelque chose de généreux, mais, au contraire, le signe d'un nouvel appel du Seigneur. Une étape est franchie, qui sera cette fois décisive*[16].

En fait, c'est maintenant que nous allons être vraiment et totalement à Dieu.

> En vérité, je te le dis, quand tu étais jeune, tu mettais toi-même ta ceinture, et tu allais où tu voulais ; quand tu auras vieilli, tu étendras les mains, et un autre te ceindra et te mènera où tu ne voudrais pas.
>
> Jn 21, 18.

Mais pourquoi Jésus fait-il cela ?

Dans l'Évangile de saint Jean, une des catégories utilisées par le Christ pour décrire l'homme et sa situation face à Dieu est l'opposition « d'en haut/d'en bas ». C'est particulièrement vrai dans son grand discours à Nicodème. Il lui déclare ainsi : « Je te le dis, à moins de naître d'en haut, nul ne peut voir le Royaume de Dieu » (Jn 3, 3) ; « Ne t'étonne pas, si je t'ai dit : Il vous faut naître d'en haut » (Jn 3, 7) ; « Celui qui vient d'en haut est au-dessus de tous ; celui qui est de la terre est terrestre

---

16. J. VOILLAUME, *op. cit.*, p. 22-23.

et parle en terrestre. Celui qui vient du ciel témoigne de ce qu'il a vu et entendu, et son témoignage, nul ne l'accueille» (Jn 3, 31-32)[17].

Nous ne prenons pas assez au sérieux ces oppositions[18]. Nous nous situerions facilement parmi les «spirituels», ceux qui savent quelque chose de ce qu'est la vie «d'en haut». Mais l'opposition demeure, nous ne sommes pas, en réalité, entièrement «d'en-haut». Et, un beau jour, peu à peu ou brusquement, se dévoile une situation de douleur qui peut même se manifester comme une vraie crise, comme on l'a vu plus haut.

Cette crise, c'est le grand dépouillement. Nous avons beaucoup travaillé pour le Seigneur. Le mot et la réalité de la conversion nous sont familiers. Et voilà que notre idéal de sainteté nous semble impossible à atteindre! Nous n'avons vraiment plus rien. Nous avons tant donné, tant misé sur Dieu! Nous avons tant quitté! Et Dieu nous a promis tant de choses, déjà sur cette terre! Il est vrai que nous avons vu de nos yeux les merveilles de Dieu. Mais voici que, maintenant, après tout cela, nous sommes dans une impasse. Où sont les promesses de Dieu?

Eh bien, justement, les promesses de Dieu entrent dans une nouvelle phase de réalisation, bien plus profonde. *Nous sommes en train de passer du plan du faire au plan de l'être, du plan de l'action pour être reconnus au plan de la vie dans la vérité.* C'est maintenant que nous atteignons, il est vrai, le

---

17. Cf. encore : Jn 8, 23.

18. Voir aussi, entre autres, saint Paul dans Col 3, 1-3 : «Du moment donc que vous êtes ressuscités avec le Christ, recherchez les choses d'en haut, là où se trouve le Christ, assis à la droite de Dieu. Songez aux choses d'en haut, non à celles de la terre. Car vous êtes morts, et votre vie est désormais cachée avec le Christ en Dieu.»

fond de notre péché, comme dans une sorte de vertige, d'abîme. Mais c'est maintenant aussi que le Seigneur nous reprend dans l'intime. *C'est maintenant que nous faisons vraiment l'expérience de la miséricorde de Dieu.* Comme le dit le curé de campagne de Bernanos, « tout est grâce ». Et la plus grande grâce que nous puissions éprouver dans la vie, plus grande encore que la grâce de la réussite, plus grande que la grâce de la vertu, c'est la grâce de la Miséricorde, c'est la grâce du salut.

C'est justement le moment où nous allons accepter, non pas de nous sauver, mais d'être sauvés, et sauvés par pure grâce. Cette expérience est absolument incontournable dans un itinéraire de sainteté. Bien sûr, ce n'est pas une nouvelle. On nous l'a toujours dit, nous l'avons toujours su. Mais nous en faisons maintenant l'expérience la plus fondamentale. Nous allons déposer notre manteau de misère (« Jérusalem, Jérusalem, quitte ta robe de tristesse ! ») et revêtir les vêtements blancs du salut.

Au fond, ce que nous faisons, c'est l'expérience même de la Croix. Dans la première partie de notre vie, la Croix est présente, mais elle n'est pas, en général, en première ligne. Là, elle prend tout son poids. Or l'expérience de la Croix a deux aspects. D'abord, c'est une mort. Et une vraie mort. Nous ne mourons pas à quelque chose, nous mourons à nous-mêmes. Et puis la Croix est glorieuse. Elle donne la vie. Comment ? Parce que nous acceptons la miséricorde de Dieu. En quelque sorte, en acceptant cette miséricorde, nous rendons la Croix active. Rappelons-nous toujours que la grande angoisse de Jésus à Gethsémani, comme il l'a confié à sainte Marguerite-Marie, a été que sa Croix ne serve à rien, que sa miséricorde ne soit pas acceptée. Et on ne l'accepte pas parce qu'au fond on croit qu'on va s'en tirer avec ce qu'on a dans les mains. Arrive le moment où on s'aperçoit qu'on ne s'en sortira justement pas. Il n'y a plus d'illusion possible. Il ne reste qu'à se jeter, à l'exemple de la petite Thérèse, dans les bras de la miséricorde qui nous est proposée. Et alors, nous ressuscitons à une vie nouvelle avec Dieu.

Un jour, Jésus disait en substance à sainte Marguerite-Marie : « Tu ne m'a pas tout donné. – Mais si, Seigneur, je t'ai tout donné ! – Non, tu ne m'as pas donné ton péché. » Tout se joue là. Quand on a donné son péché, *on éprouve comme une sorte de « seconde naissance »,* comme le disait Tauler. On entre dans une nouvelle vie, celle que le Seigneur promettait à Nicodème. Alors, on naît vraiment « d'en haut ».

Que devons-nous faire ?

La première des choses, c'est *de regarder la réalité en face.* Et la réalité, pour l'heure, c'est notre péché, c'est tout ce qui est inconverti pour nous. Nous sommes comme cela. Après tant d'années d'efforts, il nous reste encore tout cela à convertir. Si nous fuyons cela, nous n'irons pas plus loin. Il ne faut pas en faire un drame, mais il faut avoir le courage de le regarder en face.

Carl Gustav Jung dit que, dans une première partie de sa vie, l'homme se construit en référence à un projet sur lui-même, à une image de soi, à un idéal qu'il veut incarner et personnaliser. Cet idéal vient de l'éducation, de soi-même, etc.C'est d'ailleurs le bon sens que de penser cela. Il nomme cela la *persona.* Cet idéal est aussi un masque et une protection contre les atteintes du monde extérieur. Mais en fait, chacun de nous a un côté d'ombre. Cela aussi, c'est le bon sens. Cette ombre est composée « des aspects psychiques de l'être humain qui ont été en partie refoulés, en partie non vécus ou très peu vécus[19]... » Il existe un moment dans la vie où l'ombre apparaît. Si nous l'acceptons, alors, nous devenons vraiment des hommes. Nous ne vivons plus pour être reconnus, mais nous acceptons toutes les dimensions de notre être, et nous devenons libres.

En second lieu, ne pas se regarder, regarder Jésus. C'est à la fois le produit d'une décision, d'un effort, et surtout un don de Dieu. On sait qu'on est pleins de péchés, mais maintenant on va plus loin. On pivote, en quelque sorte, sur soi-même.

En troisième lieu, *accepter la Croix*. Ne pas faire un plat de la souffrance. La Croix est glorieuse, elle nous sauve. Accepter que nous soyons pécheurs, certes, mais pécheurs « miséricordiés ». La Croix, c'est le lieu du salut. Ne plus vivre sans se référer à la Croix dans un acte de louange continuelle, dans une reconnaissance constante, d'autant plus forte que nous savons mieux ce que nous risquons.

À la Croix se joint souvent une dimension nouvelle : *l'offrande*, à la suite de la petite Thérèse : offrir nos souffrances et nos difficultés pour le salut des âmes. Pour elle, cela donnait son vrai sens à la Croix. Avec l'âge, de nouvelles croix apparaissent. Si elles sont offertes, elles donnent à notre vie humaine et spirituelle une orientation toute différente.

En quatrième lieu, *renouveler notre désir* et spécialement notre désir de sainteté. Le désir, comme le reste, se renouvelle. L'Esprit Saint le redonne. Si nous n'avons pas de désirs, demandons le « désir du désir ». Sans désir, rien ne bouge. L'ange Gabriel appelait le prophète Daniel *vir desideriorum,* l'homme de désir. C'est vraiment essentiel. La réponse de Dieu est à la hauteur de notre désir : « Fais-toi capacité, je

19. Cité par Dom Anselm GRÜN, *op. cit.*, p. 51.

me ferai torrent», dit le Seigneur à sainte Catherine de Sienne Et pour cela, rechercher une sainteté toute simple, à la manière de la petite Thérèse.

En cinquième lieu, *faire des actes de foi.* Même si on se sent dans le noir le plus complet. Avancer dans la foi nue. Redire au Seigneur qu'on a confiance en lui, qu'il peut agir, qu'il va agir. L'en remercier à l'avance. Refuser le découragement, la tristesse. Se battre sans cesse contre ces sentiments qui ne sont pas inspirés par Dieu. Accepter de ne pas s'appuyer sur des grâces sensibles.

En sixième lieu, *accepter l'idée de la mort.* Nous entrons dans la phase décisive de notre vie, celle qui nous prépare au grand passage. Nous voulons passer cette porte en étant des saints. Justement, pour cela, pensons à la mort. Sans crainte, sans imagination excessive. Cette pensée nous fait relativiser toutes choses et, loin de nous démobiliser, nous donne un supplément d'ardeur.

Se donner en mourant

> Nous sommes appelés à nous donner nous-mêmes, non seulement dans la vie, mais aussi dans la mort. En tant qu'enfants bien-aimés de Dieu, nous sommes appelés à faire de notre mort le plus grand don [...] En tant que fils et filles bien-aimés de Dieu, nous découvrons que la mort nous permet de faire l'expérience complète de notre véritable identité de bien-aimés. Pour ceux qui se savent choisis, bénis et brisés pour être donnés, la mort est la façon par excellence de devenir vrai don pour les autres.

Henri Nouwen (1932-1996)[20].

20. Henri J. M. Nouwen, *Lettre à un ami sur la vie spirituelle,* Ville Mont-Royal, Novalis – Paris, Éd. du Cerf, 1997, p. 98.

Quelles sont les grâces particulières que Dieu nous donne en cette période ?

Une grâce de contemplation. – C'est peut-être la plus importante. Jusque-là, nous posons des actes d'adoration, nous prenons des temps de prière. Maintenant, si nous demeurons fidèles à nos engagements de prière, nous devenons vraiment, dans notre être, dans notre attitude intérieure permanente, des adorateurs ou, comme le disait Marthe Robin d'un prêtre, des « prières vivantes ». Nous sommes dans un « état » d'adoration, comme Jésus était sans cesse en état d'adoration devant le Père, comme Pierre Goursat qui « s'est consumé dans l'adoration », car il était en permanence dans cet état. Il ne faut pas avoir peur de parler de « vie contemplative » pour cette période de l'existence, même si l'action demeure. On utilise parfois l'expression de « carmélites dans le monde ».

Une grâce de bonté, de gentillesse, d'indulgence. – Quand on n'a plus rien à défendre, quand on ne veut plus se situer, se faire reconnaître, au prix d'un effort démesuré, on est libre. Dieu libère le cœur et donne une vraie bonté. Comme c'est beau de voir certains anciens dont le regard et l'attitude ne sont que bonté, compréhension, accueil. Le monde actuel, qui vit dans l'angoisse et le conflit, a besoin de la bonté. Si les anciens ne la diffusent pas autour d'eux, personne ne la vivra. La bonté est une des manifestations les plus délicates de la charité. C'est le moment d'incarner le premier commandement dans le second.

Ce nouvel amour pour les autres nous est bien rendu. Nous devenons beaucoup plus vulnérables, nous nous défendons beaucoup moins, nous jouons beaucoup moins un personnage, mais aussi, en retour, nous sommes beaucoup plus soutenus par eux.

Une nouvelle grâce de service. – Plus détachée, plus libre, plus gratuite. On est comme renouvelé dans l'humilité. Dès lors, les services les plus humbles ne nous font plus peur. On va là où on a besoin de nous, et non là où l'on croit qu'on a besoin de nous. C'est plein de surprises. Il y a souvent comme une nouvelle vie de service qui commence.

Deux témoignages

Le témoignage de Chloé

C'est pendant mes études universitaires que j'ai rencontré la communauté religieuse dans laquelle je me suis consacrée, il y a plus de vingt ans. Cela correspondait à une rencontre forte avec le Seigneur, qui m'a amenée à m'investir totalement dans cette nouvelle famille.

J'ai cheminé petit à petit, à travers la vie fraternelle qui a été pour moi source de guérison : je me sentais aimée comme j'étais ! Assez vite, j'ai acquis un certain équilibre humain et spirituel, qui m'a permis d'avancer et d'assurer quelques responsabilités dans ma congrégation. Il y a quelques années, j'étais ainsi arrivée à un point où je me sentais comblée, le Seigneur étant tout pour moi.

C'est alors qu'une rencontre, il y a cinq ans, a été l'occasion de mettre en évidence une profonde faille dans mon affectivité. J'ai commencé à sombrer comme dans un abîme, et j'ai vécu une tourmente intérieure telle que souvent je m'interrogeais sur ma santé mentale. Toutes les réactions que je pensais avoir maîtrisées depuis vingt ans se déchaînaient : jalousie, orgueil, désir d'être reconnue, comédie pour qu'on s'occupe de moi, caprices, bouderies, sans parler des doutes contre la foi… Tout cela me ramenait pratiquement à une crise d'adolescence que je n'avais, au fond, jamais vécue.

Heureusement, le Seigneur m'a fait la grâce d'être entourée à ce moment-là par des frères qui m'ont acceptée, soutenue, aidée. J'ai pu rapidement mettre au jour la cause profonde de ma blessure (en rapport avec ma mère) et bénéficier d'une prière de guérison.

Le Seigneur a permis que juste après cette étape, je change de lieu de résidence et de travail pour me retrouver à un endroit où Marie est très présente. J'y ai vu une attention particulière de sa part, et je suis certaine que depuis, c'est elle qui me rééduque et me reconstruit intérieurement.

Maintenant, un regard extérieur pourrait faire croire à une régression par rapport à ma vie spirituelle antérieure (un petit exemple : alors que je ne lisais que des livres spirituels, actuellement je me nourris plutôt... d'Agatha Christie !). Mais la lumière du Seigneur montre que l'étape douloureuse que j'ai traversée a porté ses fruits :

– un regard de vérité sur moi. Je constate qu'avant je me faisais beaucoup d'illusions sur moi-même. Maintenant, comme Thérèse, je ne m'étonne plus de découvrir en moi de nouvelles faiblesses. En même temps, un plus grande acceptation de ce que je suis réellement. Il me semble que c'est là le chemin de la véritable humilité ;

– une plus grande ouverture aux autres, liée aussi à ce regard plus paisible sur moi-même, et une plus grande facilité à l'oubli de soi et au don de soi ;

– une plus grande indulgence pour les autres, à qui je suis portée à faire miséricorde comme il m'a été fait miséricorde ;

– une foi (et une charité) plus dépouillée de tout appui sensible : la résolution d'aller jusqu'au bout de ce que je professe, même si cela me paraît une folie ;

– un plus grand réalisme, aussi.

Tout cela vient, je le crois, de l'éducation maternelle de Marie.

Certes, j'ai encore bien besoin d'une nouvelle conversion. Mais j'ai confiance que le Seigneur mènera jusqu'à son terme l'œuvre qu'il a commencée, puisqu'il m'a fait franchir une étape décisive, même après vingt ans de vie communautaire ! C'est lui qui fera tout : « Il est fidèle, celui qui vous appelle. C'est encore lui qui fera cela » (1 Th 5, 24).

Le témoignage de Stéphane

Je suis membre, depuis dix-sept ans, de la Communauté de l'Emmanuel. J'y ai exercé diverses responsabilités et, si je regarde en arrière, je crois pouvoir dire que j'y ai trouvé, après avoir longtemps cherché, le lieu de mon bonheur. J'y ai toujours été, et j'y suis aujourd'hui, très heureux. C'est ma famille, ce sont les miens.

C'est dire que je ne me retrouve pas exactement dans la catégorie de « crise » au sens de crise de confiance dans la communauté. Cependant, je crois pour moi à un « second appel ». Comment cela s'est-il passé ?

J'ai fait, dans mon passé, de gros efforts pour me construire, et la vie communautaire m'y a beaucoup aidé. Est arrivé une période où j'ai eu l'impression, avec la grâce de Dieu, de bien me connaître et me dominer, d'être performant et reconnu dans mon action, en particulier dans le domaine religieux, bref, une période de maturité. Je me sentais bien à tous points de vue.

C'est alors que j'ai découvert la vulnérabilité. D'abord la mienne, à travers une série d'événements et de découvertes sur moi-même. J'ai été très protégé par Dieu, je n'ai pas commis de fautes graves. Mais j'ai compris aussi et perçu profondément que j'aurais bien pu le faire. Cela a été pour moi une découverte troublante et impressionnante. À certains moments, je ne savais plus trop bien qui j'étais. J'ai découvert alors que je ne me sauvais pas moi-même par mes propres forces, mais que j'avais réellement besoin d'être sauvé. Et c'est seulement par grâce que j'ai été sauvé. Je l'avais toujours su et même enseigné, mais c'est autre chose d'en faire l'expérience dans sa peau ! Je me suis assis, comme la petite Thérèse, à la table des pécheurs, et je m'y trouve encore.

Une autre découverte a été la vulnérabilité de mes frères. J'ai compris que même des personnes solides et bien construites ont leurs points secrets de fragilité qui peuvent s'activer un jour. Personne n'est en acier.

De ces découvertes, j'ai certainement retiré une plus grande humilité et plus de réalisme. J'ai pu avancer et les intégrer, grâce à l'amour délicat et à la confiance de mes frères et sœurs de communauté. Et puis le Seigneur m'a demandé d'aller plus loin, de lui dire que j'étais prêt à donner ma vie pour mes frères, s'il le demandait. Il m'a demandé d'accepter au moins de porter une part de la Croix, par amour de lui et de mes frères. J'ai mieux compris que j'étais responsable, pour une part, de la sainteté de la communauté. Je ne pouvais pas reculer devant l'engagement intérieur que cela impliquait. Cela m'a donné une motivation bien plus grande pour les services, et une plus grande confiance dans l'œuvre de l'Esprit Saint au sein de la communauté.

Actuellement, je me sens appelé à offrir davantage mes peines, mes souffrances et mes joies. Je commence à comprendre plus intensément que mon action la plus importante, c'est la prière. Je redécouvre l'importance essentielle de la louange et de l'adoration. Je comprends que tout découle de ma vie intérieure, d'une intimité plus profonde avec un Dieu qui me fait signe : "Viens auprès de moi". Je reçois aussi une nouvelle intimité avec Marie. Et puis, alors que j'ai toujours aimé mes frères et sœurs, je reçois également, avec l'âge, une affection pour eux plus douce, plus ouverte. Oui, le mot de "bonté" me semble juste pour qualifier ce que Dieu me demande et me donne de vivre.

Je suis tout étonné de vivre cela. Je craignais de me rabougrir avec l'âge. C'est exactement le contraire qui se passe. Merci, Seigneur !

*

Connaître Dieu, c'est l'aimer et l'approcher avec le cœur mais, bien plus encore, se laisser approcher par lui. Le voici en effet qui s'approche de nous. Nous sommes sauvés par pure grâce, sans que notre mérite, au départ, en soit la cause. Maintenant, nous en sommes convaincus.Maintenant le Seigneur, au nom même de sa miséricorde, veut nous faire aller plus loin et plus profond.

Le « second appel », c'est la gratuité du don de soi, mais c'est aussi prendre conscience de ce pour quoi on se donne, ou plutôt pour qui et à qui : pour le Seigneur, pour son Église.

Le « second appel », c'est accepter de devenir enfin transparents, de se livrer aux autres, de partager plus simplement ce qui nous fait vivre, dans une plus grande liberté intérieure et extérieure.

Le « second appel » est un appel à une charité plus grande. Notre monde ne connaît plus le Christ. Nous sommes appelés à témoigner de lui par la charité dont nous vivons. Nous ne pouvons la recevoir que de Jésus lui-même en fondant encore davantage notre vie sur lui par l'adoration et l'écoute de sa Parole.

Aussi, n'éteignons pas en nous ce nouvel appel de l'Esprit, aussi important que celui que nous avons entendu en faisant pour la première fois l'expérience de l'effusion de l'Esprit. Il faut que Jésus prenne de plus en plus de place en nous. Que toute notre vie se réorganise vraiment autour de Jésus. Qu'il en devienne le centre. Acceptons que l'Esprit Saint vienne lui-même prendre possession de notre cœur, arracher tout ce qui ne va pas, prendre tout ce que nous cherchons à retenir, mettre ses propres pensées et sa propre action dans un cœur qui n'a plus rien à lui. Acceptons de nous laisser dépouiller, mais aussi de nous laisser remplir d'une nouvelle vie que nous ne connaissons pas, et où Dieu a davantage les rênes : « Frères, vous êtes la maison que Dieu construit » (1 Co 3, 9-17).

Pour terminer, il faut se rappeler qu'avec la Vierge Marie, tout est plus sûr et tout va plus vite. Redonnons-nous, dans la consécration, à « notre Maman du Ciel ». Mettons notre cœur contre le Cœur Immaculé de Marie. C'est là notre lieu, et tout sera plus beau, plus doux et plus fort.

> Seigneur Jésus-Christ, Fils du Dieu vivant, selon la volonté du Père et avec la puissance du Saint-Esprit, tu as donné par ta mort la vie au monde. Que ton Corps et ton Sang me délivrent de mes péchés et de tout mal. Fais que je demeure fidèle à tes commandements et que jamais je ne sois séparé de toi.

Prière du prêtre à la messe,
avant de communier.

9

Blessures et vie spirituelle

LA BLESSURE fait partie de la vie humaine. Nous ne sommes ni lisses ni étanches, et un certain nombre de choses nous atteignent peu ou prou au long de notre vie. Nous en évacuons heureusement le plus grand nombre, mais certaines atteintes s'inscrivent durablement dans notre psychologie. Elles peuvent déterminer ou du moins orienter des choix, des attitudes. Si nous les avons enfouies, elles peuvent refaire surface un jour. Tout cela a inévitablement des conséquences sur notre relation avec Dieu.

Dans le présent chapitre, je ne voudrais pas faire un traité des blessures et de leur guérison, mais seulement voir certains rapports entre celles-ci et la vie spirituelle, afin que nous puissions bien nous situer dans ce domaine[1].

---

1. DANIEL-ANGE, *Les blessures que guérit l'amour,* Paris, Pneumathèque, 1979; Pascal IDE, *Connaître ses blessures,* Paris, Éd. de l'Emmanuel, 1993; Simone PACOT, *L'évangélisation des profondeurs,* Paris, Éd. du Cerf, 1998; ID., *Reviens à la vie!,* Paris, Éd. du Cerf, 2002; Philippe MADRE, *La blessure de la vie,* Nouan-le-Fuzelier, Éd. des Béatitudes, 2001.

Comment est-on blessé[2] ?

Il faut d'abord se demander ce qui peut nous blesser. Cela pourrait paraître superflu, mais l'expérience démontre cependant le contraire. On rencontre tous les jours des personnes qui sont visiblement blessées et ne le savent pas, ou préfèrent le nier. Une opération de lucidité est donc parfois utile en ce domaine. Ici, je ne vais donner que quelques exemples, seulement pour indiquer aux personnes qui ne sont pas au fait du problème ce qui peut se passer. Le tableau peut paraître affligeant mais, chaque fois que vous lisez une cause de blessure, vous pouvez retourner la description et dire que l'attitude inverse, au lieu de blesser, construit. Et vous verrez alors que ces attitudes positives sont nombreuses. Cela vous donnera l'occasion de rendre grâce à Dieu de choses qui paraissent si naturelles que peut-être vous ne l'en avez jamais remercié.

En général, on s'aperçoit que les blessures liées à l'enfance, en particulier à la petite enfance, sont les plus prégnantes. Elles peuvent ressortir des dizaines d'années après. Cela n'est pas étonnant, puisqu'un enfant a peu ou pas de défenses. Il est comme une pâte à modeler, et tout ce qui le touche peut le marquer durablement.

Nous pouvons être blessés d'abord par des choses qui datent d'avant notre naissance. C'est le cas lorsqu'il y a dans une famille des difficultés anciennes dont nous héritons un jour : secrets de famille douloureux, querelles entretenues, liens avec des esprits mauvais par des pratiques de magie ou d'ésotérisme, rapports hommes-femmes pas clairs depuis longtemps, angoisses récurrentes, etc. Cela peut contribuer à

2. Jean VANIER, *Toute personne est une histoire sacrée,* Paris, Plon, 1994.

créer un climat que l'enfant, lorsqu'il viendra au monde, ne peut analyser, mais qui peut le marquer.

Nous pouvons être blessés par les conditions mêmes de notre conception : enfant non désiré, indélicatesses dans les rapports physiques. L'enfant, dans le sein maternel, est dépendant des sentiments de sa maman dont il reçoit quelque chose. Une angoisse maternelle pourrait le toucher, particulièrement si celle-ci est liée à un projet éventuel d'avortement. Un mauvais état de santé de la maman peut aussi être plus ou moins ressenti. Je pense aussi que des avortements antérieurs ne sont pas sans conséquences.

L'acte même de la naissance est si important ! Un enfant doit être accueilli, soigné. Il peut y avoir un problème médical à la naissance, éventuellement traumatisant, ou bien une absence du père ou de la famille, ou une relative brutalité ou indélicatesse du corps médical. L'enfant ressent toujours comme un choc en passant du milieu doux et protecteur de la maman au monde extérieur. Ce choc peut être atténué ou au contraire aggravé.

L'accueil de l'enfant suppose qu'il ne se sente pas abandonné, non seulement dans les premiers jours, mais même dans les premières années. Il faut aussi qu'il se sente bien positionné. S'il est mal situé dans une fratrie où on ne lui fait pas sa place, si sa mère ne s'occupe pas de lui, si une maladie l'éloigne de l'enfant durablement, il peut être sérieusement blessé.

L'enfant doit faire l'expérience de l'amour. Il faut qu'on lui sourie, qu'on lui parle avec joie, qu'on le touche avec respect et gentillesse. S'il n'y a pas ces contacts, il peut avoir l'impression de déranger, de ne pas être aimable. Il intégrera cela en lui ; plus tard il se sentira toujours coupable de quelque chose, et même coupable de vivre. L'enfant fait aussi l'expérience des règles et des limites à ne pas franchir. Ce n'est pas si facile. Il fait l'expérience de la sanction. Si celle-ci n'est pas mesurée ou si au contraire elle est absente, cela aura des conséquences plus tard. Les enfants-rois sont plus tard des adultes asociaux et déresponsabilisés.

Les rôles respectifs du père et de la mère sont très importants. La mère construit le monde intérieur, le père donne des repères clairs et ouvre à la vie extérieure. Un père absent ou non aimant est souvent une catastrophe qui se répercute très tard dans la vie. Le père présent et jouant son rôle structure l'enfant et lui donne confiance en lui.

LE TÉMOIGNAGE DE JEAN VANIER[3]

> J'ai vécu, quand j'avais treize ans, une expérience très forte, qui a été comme une nouvelle naissance, la troisième. La première, c'est quand je suis né, la deuxième a été mon baptême et la troisième, c'est quand j'ai voulu entrer dans la marine de guerre anglaise.
>
> C'était la guerre, nous habitions au Canada et il fallait donc que je traverse l'Atlantique à un moment où un bateau sur trois était coulé par les sous-marins allemands. Je suis allé voir mon père et je lui ai dit ce que je souhaitais faire. Il m'a demandé pourquoi. Je ne sais plus ce que je lui ai répondu, mais je n'ai jamais oublié ce qu'il m'a dit : « J'ai confiance en toi. Si c'est ce que tu veux, il faut que tu le fasses. »
>
> Ce jour-là, il m'a fait naître de nouveau. S'il avait confiance en moi, alors moi aussi je pouvais avoir confiance en moi-même. S'il m'avait dit d'attendre d'être plus vieux, j'aurais attendu, mais j'aurais implicite-

3. Jean VANIER, *La source des larmes, op. cit.*, p. 72-73.

ment compris que mon intuition n'était pas bonne, que je ne pouvais me faire confiance. Mais il m'a dit : « J'ai confiance en toi », et cela m'a aidé à me faire confiance et m'a appris à faire confiance aux autres.

Avec l'école, l'enfant entre dans un autre monde. Il découvre la difficulté de vivre avec des camarades parfois durs et vulgaires. Il doit se défendre, se protéger, porter une sorte de masque social. Il découvre la compétition et l'évaluation. La pression scolaire peut être forte et la nécessité de réussir peut imprégner fortement la psychologie. Un enfant doit être encouragé et reconnu dans ce qu'il fait de bien, il faut qu'il sente sur lui un regard positif pour pouvoir tirer le meilleur de lui-même. Ce n'est pas toujours le cas. Un enfant est aussi extrêmement sensible aux injustices, aux mensonges, aux faux-semblants.

Un adolescent a un idéal. Il voit le monde de manière peut-être schématique, mais il a le désir de vivre pour quelque chose qui en vaille la peine. Voir cet idéal moqué et éventuellement trahis par les adultes est pour lui une horrible déception.

Avec l'éveil de l'affectivité, l'adolescent ou le jeune rencontre de nouvelles possibilités de blessures. Sa sexualité peut être mal vécue, ce qui est courant actuellement à cause de l'excitation sociale en ce domaine. C'est un univers souvent très blessé, et de plus en plus tôt. Les relations amoureuses peuvent se dérouler plus ou moins bien, et s'accompagner d'échecs et de frustrations. La multiplicité des partenaires engendre souvent des sentiments de trahison ou amène à cultiver l'indifférence envers les autres.

La vie familiale doit s'accompagner de bonne entente. Ce n'est pas toujours le cas. Les époux, les familles, se blessent souvent au lieu de se soutenir et de se construire. Ne parlons pas de la vie entre simples compagnons qui est souvent moins stable et donc quelque part moins rassurante. Un divorce, une séparation, sont traumatisants. Les enfants eux-mêmes peuvent blesser les parents : fausses couches, décès prématurés, enfants qui déçoivent, qui tournent mal, qui sont trop malades, mariages ou unions avec des partenaires non souhaités, etc. Il y a aussi ceux qui voudraient se marier et ne le peuvent pas, ce qui peut engendrer souffrances et frustrations.

Le domaine de l'insertion dans la vie, du travail, de la recherche d'emploi, du succès et du manque du succès, est évidemment très important dans la vie d'un être humain. Il peut poser bien des problèmes, être source d'angoisses, de déceptions, de destruction ou altération de sa propre image.

Plus largement, la vie sociale peut être occasion de déceptions et de blessures venant des groupes dont nous faisons partie : associations, syndicats, ou bien de notre propre pays ou encore des organisations internationales.

L'existence s'accompagne de deuils. Certains départs sont bien vécus. D'autres sont insupportables et peuvent affecter toute la suite de la vie. C'est un domaine qui, lui aussi, peut être extrêmement traumatisant. J'ai connu par exemple des couples dont toute la vie s'était organisée autour de la mémoire d'un enfant unique décédé. Il n'y avait plus que cela.

Il y a aussi des blessures de l'intelligence. C'est une chose dont on parle peu, mais qui est pourtant bien réelle. L'intelligence est faite pour percevoir la vérité. Elle peut être déviée par une mauvaise éducation, une instruction mal pensée, une culture déculturée, de telle manière qu'elle est aveuglée. Des pans entiers de l'univers échappent alors. Même si on compense par un orgueil intellectuel plus ou moins branché sur les phénomènes de mode, le fond de l'être sent bien que la réalité fuit et qu'on est seul face à ses illusions.

Le domaine de la vie avec Dieu n'est pas exclu des causes de blessures. On peut être déçu par les prêtres ou par des chrétiens ou par l'Église en général. On peut s'estimer trahi ou mal reconnu. C'est une zone sensible. Parfois on peut être blessé, ou avoir l'impression de l'être, par Dieu lui-même. Il nous semble par exemple qu'il nous a abandonné. Ou bien qu'il ne nous a pas créé avec le physique que nous aurions voulu, ou placé dans le milieu que nous aurions désiré.

Enfin, je suis blessé par moi-même. D'abord, mon péché est une cause de blessures constante, s'agissant en particulier des péchés graves et répétés. Je voudrais bien être différent de la personne que je suis. On a une certaine image de soi. Un jour, celle-ci s'érode ou s'effondre. Quelle blessure cela peut être ! Sans parler des maladies qui, indépendamment de l'aspect proprement médical, peuvent déterminer des blessures psychologiques de divers ordres.

Comment réagit-on aux blessures ?

Les bonnes réactions

J'espère ne pas choquer en disant ceci : souvent, on réagit plutôt bien. En effet, il y a un dynamisme interne à l'être humain, un désir de vivre. Ce désir peut être plus ou moins fort selon les personnes et selon les sociétés. On voit dans les pays du tiers-monde des personnes dans des situations que nous ne pourrions pas supporter et qui s'en tirent très bien : elles ont le désir de vivre chevillé au corps.

D'une manière générale, les blessures ne sont pas que négatives. Elles font mal, mais nous pouvons aller plus loin que cette douleur. Elles nous poussent à avancer, à nous construire, ne serait-ce que parce que nous ne voulons plus les ressentir.

En effet, le grand moyen de guérir la plupart des blessures est de les dépasser. Cette capacité de dépasser ses blessures est parfois appelée « résilience ». Par exemple, si un enfant a des difficultés dans une matière scolaire, il est bon qu'il travaille les domaines où il se sent davantage compétent. S'il a de bons résultats dans certains secteurs, cela a un effet d'entraînement qui, tôt ou tard, peut rejaillir sur les matières faibles. Si on se moque de moi parce que je suis mauvais en natation, je dépasserai les autres dans la course de fond, etc. Dans la plupart des cas de blessures, nous surmontons l'obstacle, nous allons plus loin.

L'un des avantages de cette politique inconsciente de guérison des blessures que nous pratiquons chaque jour, c'est que nous ne nous retournons pas sans cesse sur nos manques. Une vie convenablement réussie peut nous extravertir et nous alléger. Elle rend disponible à autre chose qu'à ses soucis personnels.

Les mauvaises réactions

Malheureusement, il y a des blessures qu'on ne veut pas ou qu'on ne peut pas surmonter. Elles s'enkystent. On va dès lors être tenté de fonctionner parfois à partir d'elles.

Par exemple, un homme d'une cinquantaine d'années découvre un jour en lui comme une attitude de dépendance. Il a besoin de se référer sans cesse à une autorité à consonance un peu paternelle. Il y a quelque chose en lui qui n'a pas été terminé. En réfléchissant, il s'aperçoit que son propre père avait un côté faible, non achevé lui-même. Or il découvre un jour que son grand-père paternel avait divorcé et abandonné sa femme et ses enfants. Son père avait souffert de ce qui était alors un déshonneur et de cette absence. Le traumatisme avait été tel que le secret a été gardé totalement sur ce point. Le père n'avait pu se construire complètement lui-même et avait dès lors transmis ce manque. Dans ce cas, la blessure s'est transmise sur plusieurs générations et n'a pu être soignée que le jour où ses causes sont devenues claires.

Un homme a été battu enfant par son père. La famille était violente, et les paroles elles-mêmes étaient toujours à la limite de l'injure. Cet homme a intégré en lui cette attitude, et il a été une terreur dans son école et son collège. Plus tard, toute sa vie est marquée par cette violence jusque dans son langage et sa manière de se conduire dans son travail. Il peut porter un masque que la société lui a imposé, mais la réalité de la violence continue à l'habiter. Il ne peut accueillir l'amour des autres et se déclare incapable de rendre cet amour.

Un homme réussit bien dans la vie, mais il fait quelquefois un rêve, qui est toujours en substance le même : il se trouve dans une situation absurde, difficile, et ne parvient jamais à en sortir. Le rêve s'arrête dans une sorte d'angoisse. Cela lui donne un sentiment constant de possibilité d'échec. Un jour il s'aperçoit que cela est lié à ses parents. En effet, quand il est né, sa mère était déjà relativement âgée et le père était malade. Ils ont cru qu'ils n'y arriveraient pas. Ces mots : « Nous n'y arriverons pas », se sont enkystés dans sa psychologie profonde. Le jour où il le découvre et peut le présenter à Dieu, il sent comme une libération et dès lors le rêve ne revient quasiment plus.

Les blessures peuvent être enfouies ou, au contraire, entretenues (infectées). Elles peuvent être simplement personnelles, mais je suis convaincu qu'il y a aussi des blessures collectives, par exemple dans des familles ou dans des communautés. J'irai jusqu'à dire qu'il y a des blessures atteignant de grands groupes sociaux et même des pays entiers.

Elles peuvent entrer profondément dans l'inconscient et agir continuellement à partir de là. Toute la psychanalyse repose sur cette constatation. Elles peuvent déterminer ainsi des attitudes de fusion avec d'autres, de confusion, d'emprise. Bien des actes humains anormaux sont, de mon point de vue, explicables par l'existence de blessures qui n'ont jamais été identifiées et donc traitées comme telles.

La blessure et le péché

Il est vrai que les blessures constituent, sinon des déterminations, du moins des influences négatives. Mais l'être humain demeure libre, même avec ses blessures. Il a toujours la possibilité de faire le bien, au moins partiellement. En faisant des choix libres et positifs, il échappe peu à peu à la blessure. Si, au contraire, il s'entretient dans le péché, dans le choix négatif, il augmente la blessure. Mais Dieu seul sait ce qu'il y a au fond des cœurs et peut démêler la part exacte de responsabilité.

Par ailleurs, les esprits mauvais utilisent les blessures, spécialement au moyen de l'imagination. Ils les infectent, les pérennisent, et créent ainsi des liens durables avec eux. Dans l'analyse spirituelle des blessures, on trouve souvent des esprits de doute, de violence, de sensualité, d'orgueil, d'aveuglement, etc. Je ne veux pas entrer ici dans tout le domaine des prières de délivrance, mais je sais que celles-ci sont parfois nécessaires pour accompagner ou permettre la guérison d'une blessure.

Tout cela n'aide pas la vie spirituelle. Les blessures constituent souvent comme un poids qui nous empêche de nous élever vers Dieu, de nous ouvrir aux autres, de nous accepter paisiblement nous-mêmes. Elles nous renferment sur nous-mêmes, elles nous durcissent. Comment avoir un cœur d'enfant, un cœur confiant, si on est tourné vers soi en permanence ? Comment faire confiance si on a en permanence le sentiment d'une trahison ?

Les blessures guéries[4]

Depuis quelques années, on a mis en place, peu à peu, des cheminements de guérison. Il y en a de plusieurs types. Bien entendu, ils ne sont pas contraires aux psychothérapies et ne les remplacent pas toujours.

Je voudrais dire cependant que bien des blessures sont spontanément guéries par une vie chrétienne bien en place et spécialement par une vie fraternelle bien établie. Quand quelqu'un décide de marcher à la suite de Jésus, on assiste à une reconstitution de son monde intérieur. Il se trouve ou se retrouve dans un univers cohérent, où les références sont claires, et où les aides ne manquent pas. Surtout, il découvre un univers où la loi principale de la vie est l'amour. Or l'être humain est un puits d'amour, j'oserais dire une pompe à amour. Si son réservoir émotionnel est vide, comme dit Ross Campbell, il va mal et ses blessures sont inguérissables[5]. S'il se sent aimé et s'il aime, si l'amour devient la loi de sa vie,

4. Simone PACOT, *op. cit.;* Jean MONBOURQUETTE, *op. cit.*, p. 71-81.

5. Dr Ross CAMPBELL, *Les enfants en colère. Comprendre une dynamique méconnue,* Richmond (Québec), 1995 ; ID., *L'adolescent. Le défi de l'amour inconditionnel,* Richmond (Québec), 7e éd., 1995 ; ID., *Comment vraiment aimer votre enfant,* Richmond (Québec), Orion, 11e éd., 1997.

beaucoup de blessures guérissent d'elles-mêmes. On voit cela sans cesse quand on fréquente des convertis. Il est très impressionnant de voir les cœurs s'ouvrir, les pièces de la cuirasse tomber peu à peu, l'amour envahir peu à peu toute la personne[6].

Un élément important du cheminement vers la guérison est le pardon[7]. Pardonner est une des particularités du christianisme et c'est un facteur de guérison, dans la mesure où la rancune et l'esprit de vengeance entretiennent le mal au lieu de le guérir. Il faut donc pardonner aux autres et – ce qui est plus difficile – se pardonner à soi-même. Il faut ensuite reconnaître sa blessure et la nommer, en parler à quelqu'un sans la refouler, en établissant comme un contact, une « complicité » avec elle. Puis, sans oublier les méthodes psychologiques si elles sont nécessaires, il faut se confier à Dieu et puiser dans sa grâce et sa miséricorde. Le Seigneur donne à travers cela un nouveau sens aux choses. On peut trouver une nouvelle orientation à sa vie, plus profonde et plus forte, même à la suite d'atteintes graves, même à la suite de deuils cruels. Une vie nouvelle peut commencer avec Dieu, avec les autres, avec soi-même.

Dans l'itinéraire spirituel, la guérison des blessures se fait un peu à toutes les périodes, bien qu'il y ait des temps privilégiés. Ce peut être au début d'un cheminement. On voit alors sa vie sous une autre lumière, et le plus gros des blessures apparaît. Mais parfois, au bout de quelques années de

---

6. Stan ROUGIER, *Aime et tu vivras,* Paris, Cana, 1990 ; Richard et Danelle BORGMAN, *Le coup de grâce,* Paris, Trinité Média Communication, s. d.

7. Jean LAFFITTE, *Le pardon transfiguré,* Paris, Desclée-Éd. de l'Emmanuel, 1995 ; Jean-Claude SAGNE, *Sacrement de la réconciliation et vie spirituelle,* Paris, Éd. de l'Emmanuel-Chemin Neuf, 1995.

vie chrétienne, alors qu'on est entré dans une communauté, un monastère, ou bien quand on a fondé une famille, des blessures ressortent. On en est tout surpris. Pourtant, si elles s'expriment, c'est parce qu'on est devenu assez libre et qu'on sent l'entourage assez sûr pour les laisser s'exprimer. On peut alors les traiter.

Il arrive que les blessures se combinent avec des nuits. Dieu utilise les souffrances qu'elles nous causent pour le bien de notre âme. Mais il ne faut pas croire trop vite que toute émergence de blessure est une épreuve mystique. En ce domaine, il faut toujours demeurer modeste et prudent.

Blessures non guéries et vie spirituelle

Tout le monde connaît le magnifique texte de saint Paul dans lequel il témoigne d'une blessure non guérie, bien qu'il ait demandé à Dieu cette guérison. Son témoignage n'est en rien négatif, car il trouve dans cette situation une occasion d'humilité. Elle lui permet également d'expérimenter la force de Dieu. Cette blessure ne l'empêche pas de poursuivre sa mission, elle ne paralyse pas sa vie spirituelle. Au contraire, justement par cette humilité, elle l'aide plutôt à progresser. Il est frappant, quand on lit le texte de Paul, de voir à quel point la non-guérison de la blessure est liée à sa vie spirituelle, et comme connectée au degré très élevé de vie avec Dieu auquel le Seigneur l'a introduit.

Le témoignage de saint Paul

> Et pour que l'excellence même de ces révélations ne m'enorgueillisse pas, il m'a été mis une écharde en la chair, un ange de Satan chargé de me souffleter – pour que je ne m'enorgueillisse pas ! À ce sujet, par trois fois,

> j'ai prié le Seigneur pour qu'il s'éloigne de moi. Mais il m'a déclaré : « Ma grâce te suffit : car la puissance se déploie dans la faiblesse. » C'est donc de grand cœur que je me glorifierais surtout de mes faiblesses, afin que repose sur moi la puissance du Christ. C'est pourquoi je me complais dans les faiblesses, dans les outrages, dans les persécutions et les angoisses endurées pour le Christ ; car lorsque je suis faible, c'est alors que je suis fort.
>
> 2 Co 12, 7-10.

Cela signifie qu'il y a des blessures que nous garderons malgré tous les traitements. Cependant le Seigneur nous donne la force de les porter et de les dépasser. Elles sont là, elles nous gênent, mais elles ne nous empêchent plus de vivre. Elles ne détruiront ni notre mission ni notre itinéraire vers Dieu. L'exemple de Marthe Robin est là, au milieu de bien d'autres, pour en témoigner.

Au contraire, dans un itinéraire spirituel, à un certain moment – souvent pendant la nuit de l'esprit, me semble-t-il – nous découvrons nos blessures les plus profondes, ce qui reste en nous de pauvreté radicale, de faiblesse que nous pensions surmontée. Le point le plus faible n'est pas toujours celui auquel nous nous serions attendus. Nous sommes mis alors devant un choix radical. Ou bien nous nions cela et nous partons dans la fuite et dans l'illusion, ce qui peut amener un blocage, voire une régression de toute notre vie spirituelle et son déclin, ou bien nous acceptons de regarder en face cette faiblesse sous le regard de Dieu. Cela n'a pas dû être facile à saint Pierre, si prompt et parfois si bravache, de s'apercevoir qu'il demeurait en lui un fond de lâcheté ! Nous accueillons alors « le pauvre caché en nous », nous entrons dans la totale vérité envers nous-mêmes, dans le profond de notre « moi ». Peut-être pensions-nous, en avançant dans la vie spirituelle, trouver au fond de nous-mêmes des trésors, mais nous y découvrons au contraire une immense pauvreté. Mais si nous la mettons, dans une impuissance radicale, sous le regard miséricordieux de Jésus, si nous croyons qu'il est vraiment, réellement, par nature, le Sauveur, alors nous ne détournons plus nos yeux du visage de Jésus, et nous pouvons nous accepter nous-mêmes, puisque Dieu nous maintient et nous donne même d'avancer encore.

UNE ÉCHELLE À L'ENVERS[8]

> L'échelle de la sainteté est *à l'envers,* elle est tournée vers le bas, elle *descend* toujours plus avant dans les abîmes du rien et de la petitesse. Nous avions peut-être imaginé la perfection sous les traits d'une progression ou d'une montée, mais cette montée, fruit de notre volonté propre, est justement le contraire de la sainteté chrétienne, car elle pourrait subtilement devenir *notre* montée. Nous pourrions faussement croire que notre générosité et notre bonne volonté sont capables de nous faire saints et oublier le « sans moi vous ne pouvez rien faire » de Jésus.

André Daigneault.

Les blessures « retournées »

Il arrive enfin que Dieu « utilise » des blessures pour faciliter la mission de quelqu'un. Il les retourne, en quelque sorte. De difficultés qu'elles étaient au départ, elles deviennent une occasion de progrès dans la vie intérieure et dans la mission.

Pour me faire comprendre, je voudrais prendre l'exemple de saint Jean Bosco (1815-1888). Jean Bosco était un enfant

8. André DAIGNEAULT, *Le chemin de l'imperfection. La sainteté des pauvres,* Sillery (Québec), Anne Sigier, 2000.

supérieurement doué, charmant, intelligent, drôle, physiquement puissant et adroit. Mais il appartenait à une famille pauvre et il perdit son père très tôt. Il se trouva alors dans une situation extrêmement difficile : sans avenir, sans travail, sans possibilité d'études, sans horizon. Il était dans le même cas que des milliers d'enfants de la campagne, en ce début du XIXe siècle, qui n'avaient d'autres ressources que de demeurer analphabètes et de louer leurs bras, soit en demeurant domestiques de paysans, soit en partant dans des villes pour lesquelles ils n'étaient pas faits, en devenant ouvriers dans les pires conditions de misère. Jean Bosco a été ainsi un enfant blessé : plus de père, des dissensions dans sa famille à son sujet, pas d'avenir, pas d'honorabilité sociale, pas ou peu de prêtres pour l'aider, en raison de leur caractère réservé et distant. C'était un enfant pas regardé.

Mais il avait la foi, il avait une vitalité incroyable et le désir de vivre. Et l'Esprit Saint habitait déjà en lui. Il réussit à faire des études et se dirigea vers le sacerdoce. Il fonda la congrégation des salésiens et celle des Filles de Marie-Auxiliatrice pour l'éducation des enfants en difficulté. Les pires contradictions, les obstacles les plus violents ne l'arrêtèrent jamais, il les tourna ou les renversa tous. Il devint l'un des saints les plus efficaces et les plus utiles à la société de toute l'époque contemporaine. Il éduqua, grâce à ses disciples, des dizaines de milliers de jeunes et contribua de manière éminente à l'équilibre et au progrès de la société. Il devint un bienfaiteur des âmes et de l'humanité.

Dieu avait, dans l'âme et la psychologie de Jean Bosco, « retourné » la blessure. Jean Bosco savait fort bien ce que c'était que de n'avoir pas de père, de n'avoir personne pour s'occuper efficacement de soi, il savait ce qu'était l'exclusion et la non-reconnaissance de sa dignité. Il a été un père pour les jeunes, il leur a donné ce que donne un père : la confiance, l'instruction, l'ouverture vers l'avenir, l'idéal, il a vécu comme un exemple et leur a montré le chemin de la foi. Il y a des blessures qui servent le plan de Dieu et que l'on peut accueillir dans un itinéraire de sainteté.

*

La blessure est évidemment quelque chose de pénible. Mais comme tous les aspects de la vie, nous pouvons la prendre bien ou mal, et c'est finalement à nous d'en décider. Nous avons encore un peu de liberté face à la blessure la plus lourde. Ou bien elle nous envahit et notre vie devient une immense souffrance, ou bien nous la vivons avec Dieu. Dès lors, le regard sur elle change. Elle peut être guérie si Dieu le donne, au besoin en lien avec des moyens humains. Elle peut demeurer. Mais alors elle s'insère dans notre itinéraire spirituel le plus profond, et le Seigneur, d'une manière ou d'une autre, la rendra féconde.

10

Les faits extraordinaires de la vie spirituelle

Le Père de Lubac écrivait un jour : « L'élan mystique n'est pas un luxe. Sans lui, la vie morale risque de n'être qu'un refoulement, l'ascèse une sécheresse, la docilité un sommeil, la pratique religieuse une routine. » Il y allait fort ! Mais il avait bien raison ! Par « élan mystique », il entendait tout ce qui mène à la contemplation, à l'union de l'âme avec son Dieu, et cet élan est normal. Mais le terme « mystique » a un autre sens. Il désigne aussi des faits extraordinaires qui interviennent dans la vie spirituelle, non seulement « parfois » mais, à mon sens, « relativement souvent »[1]. Il faut en dire quelque chose.

Pourquoi en parler ?

Une réalité qu'on ne peut cacher

On pourrait hésiter à parler des faits extraordinaires de la vie spirituelle de peur de passer pour illuminé. Cependant, il faut bien reconnaître que ces faits se produisent.

1. Quand je dis : « à mon sens », je voudrais préciser que je ne suis nullement isolé dans mon opinion.

« Les faits sont têtus », dit un adage historique. Ils dérangent. Il suffit de fréquenter un peu des communautés contemplatives ou bien le Renouveau charismatique pour le savoir. Le discernement spirituel suppose donc une certaine ouverture sur ces sujets.

On sait bien que la vie spirituelle, dans sa substance, ne consiste pas en des manifestations de cet ordre. On ne cesse avec raison de le répéter et de recommander de ne pas les demander à Dieu. Mais cela ne permet pas non plus de les mépriser et de faire comme si elles n'existaient pas, car Dieu fait ce qu'il veut et sait mieux que nous la raison d'être de ce qu'il nous envoie. Or, si l'on n'a aucun repère les concernant, on est bien démuni. On tombe rapidement dans la confusion. On passe à côté des appels que Dieu adresse par ce moyen, et on finit par se sentir mal intérieurement ; ou, à l'inverse, on prend pour faits spirituels ce qui est de l'ordre de la déviance psychologique ou du paranormal. Saint Jean de la Croix disait que la plupart de ces phénomènes étaient faux. Je le crois volontiers[2]. Mais justement, comment faire le tri si on refuse toute réflexion et toute connaissance sur ce point ? On passe vite du scepticisme de principe à la naïveté. La mauvaise curiosité est extrêmement dangereuse et elle laisse d'ailleurs à la porte de la vraie vie spirituelle, mais l'incompétence aussi est dangereuse pour les âmes. Comme disait le cardinal Journet : « Tous les mystiques sont dangereux à lire, mais c'est justement un beau risque à courir. »

---

2. Un exemple amusant entre des milliers dans Alex Ceslas RZEWUSKI, o. p., *À travers l'invisible cristal. Confessions d'un dominicain,* Paris, Plon, 1976, p. 494-495 ; sur les fausses apparitions mariales : Joachim BOUFLET, *Faussaires de Dieu,* Paris, Presses de la Renaissance, 2000. D'une manière générale, le livre de base demeure sans doute, sur le discernement des phénomènes mystiques, *La Montée du Carmel,* de saint JEAN DE LA CROIX, *Œuvres spirituelles*, Paris, Le Seuil, 1947, p. 14-472.

Qu'on le veuille ou non, on ne peut pas fuir une réflexion sur ce sujet. D'autant plus que celle-ci est aidée par toute la tradition de compétence et de bon sens qui existe dans l'Église, qui continue aujourd'hui en matière de théologie et de phénoménologie mystique[3].

Pourquoi des phénomènes extraordinaires ?

Du reste, il faut se poser d'emblée la question de savoir pourquoi Dieu utilise ce moyen de relation avec nous. Une première réponse consiste à dire que la nature humaine, trop limitée, est parfois dépassée et transportée par certains phénomènes, et c'est certainement vrai. C'est probablement là que se situe le contact entre le normal, le paranormal et la grâce de Dieu, dans un domaine qui demande beaucoup de discernement. Mais dire cela ne suffit pas, car Dieu est tout-puissant et pourrait parfaitement se manifester profondément dans une âme sans faire appel à ces moyens.

Une autre réponse, que je crois exacte, est que Dieu est libre et veut sans cesse le manifester. On voudrait souvent que Dieu entre dans nos catégories mentales collectives. Parce que nous craignons le surnaturel, ou que nous avons peur du ridicule, nous le prions de nous ménager sur ce

---

3. Comme par exemple le grand livre d'Auguste POULAIN, s. j., *Des grâces d'oraison. Traité de théologie mystique,* 10e éd., Paris, Beauchesne, 1922 ; ou Auguste SAUDREAU, *L'état mystique. Sa nature, ses phases, les faits extraordinaires de la vie spirituelle,* Paris, Amat – Arras, Brunet – Angers, G. Grassin, Richou, 1921 ; H. JAEGEN, *La vie de grâce mystique,* Paris, Téqui, 1980 ; Louis LALLEMENT, *La voie de l'esprit,* Paris, Albin Michel, 1982 ; *La mistica. Fenomenologia e riflessione teologica,* sous la direction d'Ermanno ANCILLI et de Maurozio PAPAROZZI, Rome, Città Nuova, 1984, 2 vol. ; Joachim BOUFLET, *Encyclopédie des faits extraordinaires dans la vie mystique,* Paris, Le Jardin des livres, 2 vol. parus, 2001-2002 ; *Dictionnaire de l'extraordinaire dans le christianisme,* sous la direction de Patrick SBALCHIERO, Paris, Fayard, 2002.

point. Rien ne l'y oblige. C'est pourquoi il fait parfois des miracles que la bonne foi et l'absence d'*a priori* permettent, même à un incroyant, de constater[4]. Dans la vie spirituelle qui est complètement sous sa conduite, Dieu a parfois besoin d'affirmer cette liberté souveraine que nous ne lui laisserions pas si aisément manifester. Les phénomènes spirituels font ainsi éclater tous les cadres et libèrent le chemin de Dieu.

Les manifestations extraordinaires ont par ailleurs l'avantage de faire gagner du temps. Grâce à elles, le Seigneur va tout droit. Il « attaque » en même temps plusieurs zones de l'être, voire toutes les zones, et délivre un message fort et compréhensible pour la personne concernée. Ces manifestations bouleversent un être et le font avancer d'un coup plus rapidement. Par exemple, la stigmatisation configure à Jésus, corps et âme, avec une intensité toute particulière. Les paroles et images intérieures, surtout à un certain degré, manifestent la présence de Dieu d'une manière extrêmement puissante.

Enfin, il y a des manifestations extraordinaires liées à une vocation particulière. C'est le cas des paroles de prophétie ou de science ou, plus rarement, des visions perceptibles par les sens externes, comme le sont les visions de Bernadette à Lourdes ou celle des enfants de Fatima. D'une manière générale, il faut toujours distinguer les manifestations liées au progrès personnel, qui relèvent surtout des dons du Saint Esprit, et les manifestations don-

4. René LATOURELLE, *Miracles de Jésus et théologie du miracle,* Paris, Éd. du Cerf – Montréal, Bellarmin, 1986 ; Dr Patrick THEILLIER, *Et si on parlait des miracles…*, Paris, Presses de la Renaissance, 2001 ; Giorgio FEDALTO, *Le porte del Cielo. Il cristianesimo e i segni dell'aldilà : apparizioni, visioni, testimoni,* Milan, San Paolo, 2002.

nées en vue du bien de l'Église, qui relèvent plutôt des charismes.

Différentes catégories de phénomènes extraordinaires

Ce que nous venons d'écrire laisse supposer qu'il y a différentes catégories de phénomènes extraordinaires. En effet, nous nous trouvons ici devant un domaine vaste et complexe. Je ne prétendrai pas le simplifier. Toutefois il y a au moins deux catégories que nous pouvons déterminer.

La première est celle des phénomènes vraiment très extraordinaires et que l'on rencontre très rarement dans la vie. Tels sont la stigmatisation, la lévitation (on est élevé au-dessus de terre), les phénomènes d'odeurs, d'inédie[5], les phénomènes lumineux, les communions miraculeuses, les multiplications d'hosties ou de pains, les transports d'objets ou de personnes, la bilocation[6], etc. Ils constituent comme un extraordinaire dans l'extraordinaire. Dans ce livre qui concerne la vie spirituelle courante, je n'en parlerai pas, renvoyant aux bons ouvrages récents sur le sujet[7].

Par contre, il y a des phénomènes plus ordinaires au sein de l'extraordinaire, si je puis m'exprimer ainsi. C'est d'eux que je voudrais parler et ce, encore une fois, pour des raisons pratiques et de discernement. Il est bon de savoir que ces phénomènes se recoupent entre eux. Par ailleurs, il est rare qu'ils soient « chimiquement purs », si j'ose ainsi m'exprimer. Ils touchent certes le « moi profond », mais ils interfèrent aussi avec toutes les autres zones de l'être humain et il est nécessaire de se le rappeler souvent.

---

5. Ne pas manger, ne pas boire pendant de très longues périodes.

6. Une personne paraît être dans deux endroits différents en même temps, parfois éloignés de centaines de kilomètres.

7. Joachim BOUFLET, *Encyclopédie des faits extraordinaires…*, *op. cit.*

Les critères de discernement

À ces phénomènes s'appliquent les critères de discernement habituels dans l'Église et que nous citons simplement ici :

– la conformité du phénomène avec la foi de l'Église sur la doctrine et sur les mœurs ;

– la fiabilité de la personne : son sérieux humain et religieux, la qualité de son environnement, sa capacité à ne pas être influencée, le fait qu'elle n'en tire pas de profit ;

– la paix et la sérénité durable qui habitent le bénéficiaire de ces phénomènes ;

– la capacité de la personne à obéir, soit à son accompagnateur, soit aux organes de l'Église en général, restant sauve la liberté et la responsabilité de chacun ;

– les fruits positifs qui en résultent : croissance des vertus et des dons, en particulier augmentation de l'humilité, de l'amour fraternel et de l'amour de Dieu.

Les phénomènes de présence de Dieu

De manière plus courante

À mon sens, le phénomène spirituel le plus courant est celui de la présence de Dieu perçue dans l'âme. J'en ai déjà parlé plus haut.

Ce phénomène est simple. Le plus souvent tout d'un coup, on « sent » la présence de Dieu. C'est parfois à côté de soi : même si on ne voit strictement rien, on peut situer le lieu. Mais c'est plus généralement en soi, comme au centre de son âme. La présence s'impose. C'est comme quand quelqu'un est là, dans la même pièce que vous : il y est, c'est tout. On pourrait chasser cette présence mais, alors, d'une certaine manière, cela signifierait qu'on se brouille avec Dieu.

Bien sûr, il peut y avoir des illusions en ce domaine. C'est là qu'il faut se faire aider et contrôler. Mais l'imagination ne produit pas du tout le même effet que la vraie présence de Dieu. L'image imaginative est comme extérieure, périphérique, fluctuante, tendue. Elle manque d'objectivité et de suavité. Il y a par contre dans la vérité d'une présence divine comme une onction de Dieu, douce, nette, objective et paisible, que l'on apprend à reconnaître. Il y a une manière d'être de Dieu qui est très typée. On voit bien que c'est Dieu et personne d'autre.

Quand je dis « Dieu », cela signifie le plus souvent telle ou telle des Trois Personnes divines. On les reconnaît sans mal. Il n'y a aucune peine à les identifier. Chacune a sa manière d'être et, pour ainsi dire, de se présenter. Mais parfois aussi, c'est Dieu comme tel qui manifeste sa présence avec force.

La présence de Dieu peut apparaître et disparaître. Elle peut durer de longs mois et s'en aller. Ce n'est pas une petite épreuve que sa disparition. Le plus souvent, on est tellement en manque que l'on demande à Dieu de revenir. On se sent comme en-dehors de soi-même. Je connais par contre des personnes qui, par grâce, jouissent de cette présence jour et nuit depuis des années.

La présence de Dieu peut s'accompagner d'un sentiment plus particulier et plus précis, comme dans les relations que des amis entretiennent entre eux. Par exemple, on peut sentir l'amour de Dieu comme brûlant, ou bien comme douloureux. On peut sentir une attente, un désir, une exigence, une réprimande. On peut sentir aussi la gentillesse, la bienveillance et la miséricorde de Dieu. Quand Dieu manifeste ainsi cette gentillesse, on en fondrait.

Le degré de présence est variable. Parfois il est tellement fort qu'il est capable de bouleverser une vie en quelques secondes. C'est ce qui arrive dans les conversions comme celles de saint Paul, de Paul Claudel à Notre-Dame de Paris, de Pierre Goursat. J'en ai connu personnellement plus d'un exemple. Parfois, cette « prise » par Dieu est à la limite du supportable. Une personne que j'ai connue, priant un jour à Saint-Pierre de Rome, a senti une telle présence de Jésus qu'elle craignait que son organisme ne la supporte plus, et elle a prié Jésus d'arrêter. Ce qu'il a fait d'ailleurs. Elle était dans une période difficile, et cette présence lui a donné une grande consolation. Elle est restée comme gravée en son âme pendant des années.

On ne peut pas « produire » la présence de Dieu, mais on peut s'y disposer et la cultiver. Un frère convers des carmes de Paris, au XVIIe siècle, Laurent de la Résurrection, a montré comment on pouvait se préparer à cette présence et l'entretenir si elle vient[8]. Il est clair que si on la méprise, elle s'en va.

Sous une forme plus forte

Il arrive que la présence de Dieu s'impose davantage, qu'elle soit plus prégnante. On parle alors d'extase ou, si Dieu agit avec une sorte de violence, de rapt. À vrai dire, je n'aime pas beaucoup utiliser ces mots et je conseille aux accompagnateurs spirituels de ne jamais dire à quelqu'un qu'il a des extases. Dans le contexte culturel actuel, cela ne

8. Conrad DE MEESTER, *Vie et pensées du Frère Laurent de la Résurrection,* Paris, Éd. du Cerf, 1992.

lui rendrait aucun service. Il suffit de vérifier si la chose est juste et de l'aider doucement.

Dans le cas d'une extase, Dieu se rend si présent, il est si près, si doux, si bon, qu'on n'a plus envie de bouger. On est là avec lui, tout simplement. Je n'apprécie pas beaucoup les représentations iconographiques où les saints ont l'air comme hors d'eux-mêmes, car il me semble que c'est en général plus simple. J'ai connu le cas d'une mère de famille qui venait à un groupe de prière et qui, dès que le groupe commençait, ne pouvait presque plus bouger. Jésus lui tenait compagnie, et elle restait avec lui. Il lui arrivait de se lever, de chanter, de s'asseoir, mais cela lui était comme extérieur. Jésus l'envahissait. J'ai connu aussi un homme d'affaires qui, un jour, dans sa maison, est resté trois quarts d'heures immobile sur une marche d'escalier. Il aurait pu bouger, mais il n'en avait pas envie non plus. Jésus était en lui, il était là, les yeux fermés, et il était très bien ainsi.

Sauf chez certains spirituels, les extases ne durent pas longtemps et ne reviennent pas souvent. Mais elles marquent l'âme comme une sorte de sceau. La mémoire de l'âme se souvient de ce magnifique cadeau et elle s'y raccroche dans les moments de nécessité. Encore faut-il toujours vérifier ces phénomènes par l'augmentation des vertus dans le cœur de la personne qui les reçoit, et en particulier la croissance de la charité.

UNE RÉFLEXION D'UN SAINT[9]

> Quand on voit une personne qui, en oraison, a des ravissements par lesquels elle sort et s'élève au-dessus

9. Saint FRANÇOIS DE SALES, *Traité de l'amour de Dieu,* Paris, 1953, VI, 7.

> d'elle-même en Dieu, et néanmoins n'a pas d'extase en sa vie, c'est-à-dire n'a point une vie relevée et attachée à Dieu par abnégation des convoitises mondaines, et mortification des volontés et inclinations naturelles par une intérieure douceur, simplicité, humilité, et surtout par une continuelle charité, croyez que tous ces ravissements sont grandement douteux et périlleux.

Saint François de Sales (1567-1622).

Autres phénomènes de présence

Il existe d'autres phénomènes de présence : présence de la Vierge Marie, des saints, des anges.

La Vierge Marie apparaît très rarement aux yeux de chair des hommes. Par contre, elle manifeste plus souvent sa présence. On peut faire une « rencontre » avec elle comme avec Jésus, sauf qu'il s'agit d'un être humain et non de Dieu. Cette rencontre peut néanmoins être très forte et changer le cours d'une vie. Marie est présente de manière très nette, comme une personne et non comme une idée, avec toute sa bonté, sa précision, son activité, sa prévenance. Sa présence va et vient. L'amitié avec Marie est si forte que, si elle s'éloigne durablement, cela est très pénible à supporter. On n'est pas bien quand nos amis se cachent. Par contre, quand Dieu fait à un homme cette faveur de la présence de Marie, c'est un bonheur !

UN TÉMOIGNAGE DE LA PRÉSENCE DE MARIE

> J'étais alors dans une période de choix décisif dans ma vie. Je croyais avoir reçu un appel de Dieu dans une direction précise, je l'avais accepté, je l'avais discerné avec mon accompagnateur spirituel, et je m'étais engagé dans cette direction avec toute mon énergie, bien qu'il m'en coutât beaucoup. Ainsi, mon avenir paraissait

tracé. Un jour, je fis un pèlerinage à la Vierge dans le sanctuaire le plus proche de ma ville natale. J'étais en train de prier tranquillement quand je "sentis" la présence de Marie avec une soudaineté et une netteté incroyables. Je ne la vis pas, mais cette présence était très précise et localisée : comme si elle venait de la direction de la statue vénérée en ce lieu.

Mais là n'était pas le plus surprenant. Cette présence s'accompagnait d'une exigence. Cette exigence ne prenait pas une forme intellectuelle, c'était comme une intuition, mais je pouvais traduire cette intuition de la manière suivante : « Et si ce que tu as choisi ne se fait pas, l'accepteras-tu ? » Je ne puis rien refuser à Marie qui a tellement compté dans ma vie. Je répondis : « Oui, j'accepterai. » Pourtant, une autre solution pour ma vie me semblait impensable. Or, c'est bien ce qui se produisit. De manière absolument inattendue, ma vie prit un autre cours. Je dus accepter en effet une orientation nouvelle à laquelle je n'avais jamais pensé, et qui se substitua à l'ancienne. Je dois dire aujourd'hui, à des années de distance, que cette orientation nouvelle m'a donné le bonheur à un point que je ne pouvais soupçonner, et je remercie la Vierge de m'avoir préparé à ce tournant.

La présence de tel ou tel saint dans une vie est également assez courante. Il y a des amitiés du Ciel, que l'on n'a pas toujours choisies, et qui s'imposent gentiment. J'irais presque dire qu'il y a des spécialistes, comme saint Joseph et sainte Thérèse de l'Enfant Jésus, ou peut-être Marthe Robin. Un saint est un ami, un guide, un intercesseur. Il rend Dieu proche à sa manière, il nous démontre qu'il s'occupe de nous.

La présence d'un ange à côté de soi est également très précieuse dans la vie si Dieu la donne. C'est le plus souvent l'ange gardien dont Dieu révèle et manifeste la présence aux yeux de l'âme. Parfois, il révèle même son nom. Or, cela est très utile, car les noms des anges sont des noms de mission. Si nous savons leur nom, nous savons aussi le nom de leur mission auprès de nous. Un de mes amis priait dans une chapelle aux Etats-Unis quand Dieu lui révèla le nom de son ange. Il sortait de la chapelle quand un Américain le suivit et lui dit : « En priant, à l'instant, Dieu vient de me dire le nom de ton ange. » C'était le même ! On appelle cela une confirmation. Je connais des personnes qui jouissent de la compagnie de leur ange jour et nuit et disent qu'elles ne vivraient pas sans lui, tant il les aide de mille manières.

Parmi les phénomènes de présence de Dieu, je mettrais volontiers le chant en langues tel qu'il est pratiqué dans le Renouveau charismatique. Aux origines chrétiennes, on voyait là le signe même de la présence de l'Esprit Saint. Il suffit, pour s'en convaincre, de relire le récit du baptême des premiers chrétiens par l'apôtre Pierre tel qu'il est raconté dans les Actes des Apôtres au chapitre 10. Le grand pentecôtiste David du Plessis convenait que c'était un phénomène de base, et en quelque sorte, le moindre des charismes. Il est en effet très répandu. Mais il faisait remarquer aussi que, dans ces conditions, il n'était pas difficile à obtenir et qu'on pouvait commencer par lui. Je suis bien d'accord avec ce point de vue. Le chant en langues est un cadeau de Dieu très simple, qui fait chanter comme un enfant, dans l'abandon et la confiance. Je pense qu'il met en œuvre la psychologie humaine de manière simple, mais que Dieu y est également tout à fait présent.

À ces phénomènes de présence de Dieu s'ajoutent des paroles que Dieu nous adresse personnellement.

Les paroles de Dieu

Dieu parle par l'intelligence humaine

Dieu parle de manières très diverses. D'abord, il perfectionne l'intelligence humaine si celle-ci est ouverte à son Esprit. Il n'utilise les voies « directes » que si cela est nécessaire, mais, la plupart du temps, il aide à l'acquisition des vertus nécessaires au discernement. Nous en avons déjà parlé. Ensuite, il envoie les dons du Saint-Esprit qui ne se substituent pas à notre effort d'information et de réflexion, mais travaillent comme à l'intérieur de nous et avec nous. Il aide aussi à voir les bons conseillers qui contribuent à nous éclairer. Il aide également à trouver les bons ouvrages, si cela est nécessaire, et même, parfois, nous fait tomber directement sur le bon passage. Je l'ai vu souvent, en particulier avec *l'Imitation de Jésus-Christ.* Il existe quelquefois une activation par Dieu de l'intelligence, avec précision, sans fatigue, laquelle est absolument étonnante.

Pour donner quelques exemples : un auteur spirituel doit faire un livre sur un saint personnage. Ce travail est important et peut servir l'Église. Mais il a peu de temps. Il demande à l'Esprit Saint de l'aider et d'agir à l'intérieur même de son intelligence. Un premier signe lui est donné quand, de manière absolument providentielle, il découvre une documentation correspondant exactement à son propos, et qui était inconnue. Puis il se met au travail. Alors qu'il a besoin de sommeil, il est réveillé durant la nuit et, ayant ainsi du temps dégagé, il travaille sans fatigue. Il a devant lui une masse documentaire qui fait un mètre de long sur son étagère. Chaque fois qu'il a besoin d'un document, il tombe directement dessus et ne perd ainsi aucun temps. Les vérifications montrent qu'il s'agit bien des bons textes. Le livre finit par être publié et, en effet, rend service. Dieu a parlé et agi à travers une intelligence qu'il habite.

Une étudiante en médecine a commencé ses études ; elle est profondément convertie, elle désire servir le Seigneur et les hommes. Elle doit passer un oral décisif pour elle. Elle est plutôt du style timide et l'épreuve est très sélective. Elle prie en attendant son tour de passer. Le Seigneur lui révèle les questions qui vont lui être posées. Elle a sérieusement travaillé et les a apprises. Mais là, ayant du temps, elle peut se les rappeler sans tension. Quand elle passe, elle est prête, elle peut redonner ce qu'elle savait sans crainte, et elle est reçue. Plus tard, elle fera un très beau parcours avec Dieu.

Pour autant, Dieu n'aime pas les paresseux, qui sont comme des tièdes. Il ne fait pas le travail à la place des gens. Il parle, il ne laisse pas dans le brouillard, mais il parle à ceux qui font effort pour l'écouter.

UNE HISTOIRE AUTHENTIQUE DE CHARISMATIQUES AMÉRICAINS

> Aux origines du Renouveau charismatique, aux États-Unis, des charismatiques prennent une auto pour se rendre quelque part. La voiture tombe en panne. Ils se mettent autour du véhicule et commencent à demander à Dieu de le faire repartir.
>
> L'un d'entre eux a alors une parole de prophétie de la part de Jésus : « J'ai appris le métier de charpentier, pas celui de mécanicien. »
>
> Du coup, ils ont été chercher un garagiste [10] !

10. Ceci dit, j'ai vu des aides de Dieu étonnantes, même en matière de voitures, mais les personnes qui en ont bénéficié avaient fait tout leur possible de leur côté.

Dieu parle par la Bible

Dieu parle aussi dans la Bible. Il parle en général puisque la Bible est un message adressé par lui aux hommes. Mais il parle aussi de façon précise à chacun en certaines circonstances. La Parole de Dieu n'est pas un dictionnaire, mais elle est vivante. Comme telle, Dieu peut rejoindre, à travers elle, le cœur de tout homme.

Cela était bien connu aux origines chrétiennes. Saint Augustin s'est converti à la suite d'une parole de Dieu qui lui avait été adressée dans les épîtres de saint Paul, et son ami Alypius fut touché par la suite de la même épître. Les franciscains ont été fondés parce que saint François a reçu trois fois des textes concordants sur la pauvreté. À la fin de sa vie, il demanda au frère Léon d'ouvrir de nouveau trois fois la Parole de Dieu, et il reçut trois textes concordants qui lui montrèrent que la dernière partie de sa vie devait être une conformité avec Jésus en Croix. Sainte Thérèse de l'Enfant Jésus trouva son appel personnel, sa vocation dans la vocation, dans un texte de saint Paul qui l'atteignit en plein cœur.

C'est bien en effet cela qui se passe : à un certain moment, la distance entre la Bible et moi disparaît partiellement. Dieu me parle directement, je suis atteint, je sais que c'est pour moi, je reçois quelque chose de décisif pour moi. Dans le Renouveau charismatique, où l'on pratique souvent cet appel à la Parole de Dieu, les exemples seraient à citer par myriades.

Ces textes sont souvent un encouragement. Je les ai lus mille fois mais là, ils m'atteignent en plein cœur. Des textes comme « Tu es mon enfant bien-aimé », « Je t'ai gravé sur la paume de mes mains », peuvent bouleverser un jour une vie quand on voit que c'est Dieu lui-même qui me les dit directement à moi et que je ne peux le nier. Un groupe de prêtres qui a besoin de forces reçoit un jour en priant : « Voilà pourquoi, mystérieusement investis de ce ministère, nous ne faiblissons pas » (2 Co 4, 1).

Ces textes bibliques font parfois des reproches. Ainsi un homme qui avait commis un acte mauvais « reçoit » un texte qui lui demande de regarder Dieu en face. Il s'aperçoit alors qu'il a honte de le faire, et son péché, dont il niait la réalité, lui apparaît. Le choc est si fort qu'il engendre chez lui une conversion.

Parfois ils aident au discernement. Il y a des exemples amusants. Un couple parisien a le choix, en raison de la situation du mari, entre déménager pour Rennes ou pour Poitiers. Le mari et la femme prient ensemble pour ce discernement qui s'avère difficile faute d'éléments certains. Le mari demande un texte au Seigneur. Sa femme lui dit : « Crois-tu que dans la Bible on parle de Poitiers ou de Rennes ? » Mais il « reçoit » le texte où saint Paul dit qu'il va prendre la route de l'Espagne. Or, depuis Paris, celle-ci passe par Poitiers. C'est bien là qu'ils s'installent. Un cas plus délicat : un homme est bien embarrassé, car un de ses amis a été accusé d'une chose très grave. Tout semble aller contre son ami, et on lui demande de prendre une position qui peut accabler celui-ci. Il est d'abord tenté de la prendre, puis, en réfléchissant, il se dit qu'il y a une chance que l'accusation soit fausse. Il prie, ouvre sa Bible et tombe sur ces paroles : « Va trouver ton ami : peut-être n'a-t-il rien fait, et s'il a fait quelque chose, il ne recommencera pas. » Il prend dès lors une position beaucoup plus nuancée, qui lui permet d'ouvrir un nouveau dialogue avec son ami, qui était en effet innocent. Ce dialogue aboutira plus tard à la solution du problème. Si Dieu ne l'avait pas arrêté, on aurait pu aller à un vrai drame.

Bien entendu, pas plus ici qu'ailleurs, on n'est dispensé de faire preuve de bon sens. Il serait inintelligent de croire que la Bible remplace l'intelligence. Mais elle l'aide à aller plus loin, si Dieu le désire. Elle montre alors la sagesse et la bonté de Dieu.

Dieu parle directement en paroles

Il arrive aussi que Dieu parle en direct à la personne. Cela peut prendre des formes diverses. Le Seigneur utilise principalement les images et les paroles intérieures. Les cas d'apparitions visuelles et de paroles entendues par l'oreille sont, je le crois, très rares. Par contre, on peut repérer de nombreuses autres manifestations d'une parole de Dieu pour nous.

Dieu peut adresser directement une parole intérieure à quelqu'un. L'oreille ne la perçoit pas, mais la personne la reçoit cependant. Cela peut prendre d'abord la forme d'une intuition. L'esprit est traversé par quelque chose que l'on sent, mais que l'on a du mal à exprimer. Ce qui va permettre l'expression, c'est une circonstance extérieure qui va nous obliger à nous exprimer. Ainsi un événement, une question, ou parfois, spécialement dans un groupe de prière, une admonition directe : « Tu sens quelque chose, dis-le. » C'est fréquemment le cas des prophéties dans les assemblées de prière. Quelqu'un a un charisme de prophétie (parole adressée au nom de Dieu à une assemblée), et une autre personne a un charisme de discernement qui déclenche le premier. Un exemple : dans une communauté charismatique, il n'y avait pas de « paroles de science » (dans lesquelles on annonce que telle ou telle personne est guérie de ceci ou de cela, ou bien est appelée par Dieu à se convertir sur tel ou tel point). Certains membres de la communauté priaient pour cela. Un jour, dans une assemblée de prière, un frère

« reçoit » la certitude qu'une personne présente dans la salle est guérie d'un mal de dents, mais il n'ose pas l'exprimer. Son voisin se tourne vers lui et lui dit : « Tu as une parole de science, dis-là. » Il le fait et la parole est confirmée.

Parfois, cette parole de Dieu est comme un souvenir. Quelque chose s'impose à la mémoire, qui n'y était pas présent jusqu'alors. On demandait un jour au curé d'Ars comment il pouvait dire à ses pénitents des choses précises qu'eux-mêmes ne lui avaient pas confiées. On parvint à lui faire avouer que c'était en lui comme un souvenir, comme une chose que l'on sait très bien et qui est présente dans la mémoire. Cette manière d'agir de Dieu semble relativement courante, en particulier dans les paroles de science.

Parfois encore la parole est adressée à la personne avec force, directement dans l'intelligence. Il n'y a pas de son, mais l'accueil par l'intelligence est le même que s'il y avait eu audition. Cette parole touche l'intelligence avec précision. Il y en a mille exemples. Les paroles peuvent parfois venir de Marie ou d'autres saints. Un homme a passé une période très douloureuse et il a eu l'impression de faire des erreurs. Il se rend en pèlerinage à Notre-Dame de La Salette. Devant la statue de la Vierge de l'apparition, il « entend » Marie lui dire : « Mais tu sais bien que je t'aime. » Ce qui prouve la réalité de cette parole, c'est que la grâce le touche et le retourne complètement à l'instant. Il sort de son état de douleur à la seconde. Un jeune homme, qui est indépendant et a une bonne situation, reçoit un jour cette parole : « Obéis à ta mère. » Il en est tout surpris, mais, dans les jours qui suivent, sa mère lui donne une série de bons conseils, y compris sur le plan matériel, qui lui faciliteront la vie ensuite.

Parfois Dieu donne des « motions intérieures ». Il s'agit d'une parole accompagnée d'une chose à faire : soit une action précise, soit une prière. La motion met en mouvement, comme son nom le dit, dans une direction ou dans une autre. Dieu dit : « Fais ceci », on le fait, et on en voit plus tard les fruits.

Deux exemples de motions intérieures

Une prière pour un prêtre

> Une jeune fille qui a une vie spirituelle forte « reçoit » un jour intérieurement la motion de prier pour un prêtre précis. Elle note le jour où cela lui arrive et, depuis ce moment-là, elle prie fidèlement pour lui. Quelques années plus tard, elle « reçoit » intérieurement le prénom de ce prêtre. Plus tard encore, elle le rencontre et le « reconnaît ». Elle apprend son histoire : il ne menait pas du tout une vie chrétienne, mais il s'était converti brusquement et avait reçu l'appel au sacerdoce plusieurs années auparavant, *le jour précis où Dieu avait demandé à cette jeune fille de prier pour un prêtre.*
>
> *Histoire d'une naissance*
>
> « C'était pendant la seconde guerre mondiale. Mon mari était prisonnier dans un Oflag en Allemagne, et rien ne laissait prévoir son retour avant longtemps. J'avais obtenu un laissez-passer pour un voyage, et j'ai fait un arrêt de plusieurs heures à Toulouse. Là, j'ai eu le désir de pousser jusqu'à la basilique de Notre-Dame de la Daurade, où j'avais spécialement prié la Vierge en attendant mes trois aînés.
>
> « Je me suis donc plongée dans une intense prière de reconnaissance pour ces beaux petits que je devais à son intercession. Tout à coup, j'ai eu cette prière imprévisible et spontanée : “Et maintenant, ô Marie, donnez-moi un petit enfant avant la fin de l'année.”
>
> « C'était le mardi 20 février 1941, il était 11 heures.

> « Je termine mon voyage vers Avignon, où ma belle-mère avait hébergé notre déménagement. Je rassemble quelques vêtements civils, "pour le cas où mon mari reviendrait", et je rentre chez moi. Nous étions le mardi 27 février.
>
> « Dans la nuit du 27 au 28, je suis réveillée par une grêle de cailloux dans mon volet. Tremblante, j'ouvre la porte… et me trouve devant mon époux !
>
> « Aussi abasourdi que moi, il me dit : "Je n'en reviens pas, rien n'était prévu pour que je participe à un départ du camp, mais j'ai été appelé mardi 20 à 11 heures !"
>
> « Neuf mois après, André venait au monde. »

Dieu parle directement en images

Assez souvent, Dieu utilise aussi la voie des images intérieures. On voit alors, soit confusément, soit précisément, quelque chose. Ce peut être parfois un texte que l'on pourra lire distinctement, ce peut être un paysage, un visage, etc. On reçoit en général l'interprétation en même temps, mais parfois c'est une autre personne qui la donne.

Ainsi, un jour, dans une retraite, un prêtre « voit » un palmier. Cela le surprend, il hésite, puis il le dit. Personne ne réagit. Mais, à la fin de la rencontre, quelqu'un vient le voir, bouleversé, et lui explique que cette image a un sens précis pour lui et va lui éviter de faire de sérieuses bêtises. Les images ont parfois un sens spirituel fort. J'ai connu des personnes qui se « voyaient » intérieurement comme sur le Cœur du Père ou dans les bras de Marie. Ces images correspondaient en fait à un état spirituel vrai, qui ne pouvait pas s'exprimer par des mots, et se manifestait par des images données par Dieu.

Il y a aussi des images moins « imaginatives », comme plus abstraites, mais pourtant significatives. Un homme qui avait vécu une période d'épreuves intérieures se demandait où il en était avec Dieu, et n'était plus sûr d'être vraiment son ami. Il priait pour savoir ce qu'il était réellement pour le Christ. Un jour, en un éclair, il « vit » le fond de son âme, en une image « abstraite », pourrait-on dire. Mais la « vision » était aussi très précise. Elle manifestait la présence de Jésus dans le fond de l'âme comme un frère et un ami, et la personne n'a pas pu ensuite en douter. Cela l'a rééquilibré dans sa vie de foi.

Les songes

Il arrive que les images prennent la forme de songes. Un songe, c'est tout différent d'un rêve. Un rêve est subjectif, il vient du travail de l'inconscient, il a un côté vague, un peu brumeux. Un songe est au contraire d'une netteté parfaite, il ne trouble pas du tout le sommeil, il a le caractère de la réalité. Au réveil, on s'en rappelle parfaitement et sans effort. Il s'impose, en quelque sorte. Il est accompagné d'une chose à faire et on l'exécute ensuite. C'est une forme particulière de motion intérieure, qui passe à travers les images. On en a de nombreux exemples dans la Bible, y compris dans les Évangiles et dans les Actes des Apôtres. Je me suis aperçu que Dieu continuait parfois à parler de la sorte aujourd'hui encore.

QUELQUE EXEMPLES DE SONGES

Saint Joseph

> Or telle fut la genèse de Jésus Christ. Marie, sa mère, était mariée à Joseph : or avant qu'ils eussent mené vie commune, elle se trouva enceinte par le fait de l'Esprit Saint. Joseph, son mari, qui était un homme juste et ne voulait pas la dénoncer publiquement, résolut de la répudier sans bruit. Alors qu'il avait formé ce dessein, l'ange du Seigneur lui apparut en songe et lui dit : « Joseph, fils de David, ne crains pas de prendre chez toi

Marie, ton épouse : car ce qui a été engendré en elle vient de l'Esprit Saint; elle enfantera un fils, et tu l'appelleras du nom de Jésus : car c'est lui qui sauvera son peuple de ses péchés [...] » Une fois réveillé, Joseph fit comme l'ange du Seigneur lui avait prescrit : il prit chez lui sa femme.

Mt 1, 18-24[11].

Saint Paul

Or, pendant la nuit, Paul eut une vision : un Macédonien était là, debout, qui lui adressait cette prière : « Passe en Macédoine, viens à notre secours ! » Aussitôt après cette vision, nous cherchâmes à partir pour la Macédoine, persuadés que Dieu nous appelait à y porter la Bonne Nouvelle.

Ac 16, 9-11.

Une vocation religieuse

Une jeune fille, étudiante en éducation sportive, chrétienne, pense bâtir sa vie sur le mariage. Une nuit, elle fait un songe. Une religieuse lui apparaît, avec un costume qu'elle ne connaît pas. Elle est dans un jardin bien précis; il y a là une statue de la Vierge qu'elle aperçoit distinctement. Et une voix lui dit : « Cette religieuse, c'est toi. » Elle répond : « Non ! » Le même songe recommence un peu après, exactement de la même manière, et elle répond de nouveau : « Non ! », mais moins fort. Une troisième fois, le songe se répète, et elle dit alors : « Oui. »
Réveillée, cette jeune fille comprend que c'est l'appel de Dieu sur elle. Elle l'accepte, arrête ses études et entre au Carmel. Tout se passe bien, mais, au moment de prononcer ses vœux, elle qui avait jusque-là une bonne santé, tombe malade. Elle doit sortir du monastère. Réta-

11. Voir aussi Mt 2, 13-14.19-23.

blie, elle n'abandonne pas son désir de vie religieuse. Elle va visiter un monastère de la Visitation, où la règle est moins rude. Quelle n'est pas sa surprise de voir que les religieuses portent exactement l'habit de son songe, qu'elle n'avait jamais vu auparavant. On la conduit dans le jardin : c'est tout à fait le jardin de son songe. Au bout de l'allée du jardin, il y a une Vierge liée à toute l'histoire du monastère : c'est la statue de son songe !
Elle est entrée dans ce couvent de la Visitation où elle a joué par la suite un rôle important.

Phénomènes spirituels et vie quotidienne

L'authenticité des phénomènes spirituels se mesure dans la vie quotidienne. Le cardinal Eyt, ancien archevêque de Bordeaux, disait : « Dieu est dans les détails. » Il agit en effet dans les détails de la vie. La vie mystique est liée à la croissance de la charité et de l'humilité. L'une et l'autre s'expriment au quotidien.

Les phénomènes spirituels ne sont donc pas un « en soi ». Ils ont un rôle dans la construction de l'âme de celui qui les reçoit et dans la construction de l'Église en général. La vie avec Dieu ne nous sort pas de l'univers et ne nous demande pas de délaisser les hommes. Si l'on s'éloigne durablement de la vie, quelle que soit sa vocation, il y a un problème. Un de mes amis dit toujours : « La vie mystique commence par les pieds. » De manière plus distinguée, le grand philosophe Henri Bergson écrivait : « Le mysticisme complet est [...] celui des grands mystiques chrétiens. [...] Il y a [chez eux] une santé intellectuelle solidement assise, exceptionnelle, qui se reconnaît sans peine. Elle se manifeste par le goût de l'action, la faculté de s'adapter et de se réadapter aux circonstances, la fermeté jointe à la souplesse, le discernement prophétique du possible et de l'impossible, un esprit de simplicité qui triomphe des complications, enfin un bon sens supérieur[12]. » Comme tout cela est vrai !

*

Au fur et à mesure que l'on avance dans la vie intérieure, on devient plus paisible par rapport aux phénomènes spirituels. On ne les demande plus – à supposer qu'on l'ait jamais fait –, mais on ne les craint pas non plus. Tout cela participe de la liberté que Dieu veut donner à ses enfants. Pourvu que nous vivions avec lui et qu'il vive dans notre âme, tout va bien.

12. Henri BERGSON, *Les deux sources de la morale et de la religion,* Paris, PUF, p. 240-241 ; *Œuvres*, éd. du Centenaire, PUF, 1963, p. 1168-1169.

Conclusion

L'UN des plus beaux aspects de la vie de l'Église à la fin du XXe siècle et au début du XXIe est son insistance sur l'appel à la sainteté. Le concile Vatican II affirmait que tous les chrétiens sont appelés à la sainteté : « Tous les fidèles du Christ, quel que soit leur état ou leur rang, sont appelés à la plénitude de la vie chrétienne et à la perfection de la charité[1]. » Le Pape Jean-Paul II l'a redit sans cesse : « Si le baptême fait vraiment entrer dans la sainteté de Dieu au moyen de l'insertion dans le Christ et de l'inhabitation[2] de son Esprit, ce serait un contresens de se contenter d'une vie médiocre, vécue sous le signe d'une éthique minimaliste et d'une religiosité superficielle. Demander à un catéchumène : "Veux-tu recevoir le baptême ?" signifie lui demander en même temps : "Veux-tu devenir saint ?" Cela veut dire mettre sur sa route le caractère radical du Discours sur la montagne : "Soyez parfaits comme votre Père céleste est parfait" (Mt 5, 48)[3]. »

Cette sainteté n'est pas réservée à des spécialistes : « Comme le Concile lui-même l'a expliqué, il ne faut pas se méprendre sur cet idéal de perfection comme s'il supposait

1. Constitution *Lumen Gentium,* n° 40.
2. L'habitation de l'Esprit Saint dans l'âme.
3. JEAN-PAUL II, Lettre apostolique *Novo Millenio Ineunte,* n° 31.

une sorte de vie extraordinaire que seuls quelques “génies” de la sainteté pourraient pratiquer. Les voies de la sainteté sont multiples et adaptées à la vocation de chacun[4]. »

Tout homme est appelé à la vie intérieure, à la vie avec Dieu dès cette terre, à la pleine réalisation, à la réussite de cette vie. Dieu lui-même le désire. Pourquoi attendre pour s'engager sur ce chemin ? Pourquoi ralentir si on y est déjà ? Pourquoi ne pas chanter, avec le monde céleste et ceux qui aiment Dieu, notre louange à la gloire de la Trinité ?

PSAUME 150

> Louez Dieu en son sanctuaire,
> louez-le au firmament de sa puissance,
> louez-le en ses œuvres de vaillance,
> louez-le en toute sa grandeur !
> Louez-le par l'éclat du cor,
> louez-le par la harpe et la cithare,
> louez-le par la danse et le tambour,
> louez-le par les cordes et les flûtes,
> louez-le par les cymbales sonores,
> louez-le par les cymbales triomphantes !
> Que tout ce qui respire loue le Seigneur !
> Alleluia !

4. *Ibid.*

Table des matières

II

LES ÉTAPES DE L'ITINÉRAIRE SPIRITUEL

III

POUR MIEUX COMPRENDRE LA VIE SPIRITUELLE

Achevé d'imprimer sur rotative
par l'Imprimerie Darantiere à Dijon-Quetigny
en mai 2003

Dépôt légal : mai 2003
N° d'impression : 23-0607

Imprimé en France